孩子看得懂的
徐霞客游记

寻西南奇境

大眼蛙童书 编绘

化学工业出版社

·北京·

图书在版编目（CIP）数据

孩子看得懂的徐霞客游记. 寻西南奇境 / 大眼蛙童书编绘. —北京：化学工业出版社，2023.9
ISBN 978-7-122-43753-2

Ⅰ. ①孩… Ⅱ. ①大… Ⅲ. ①《徐霞客游记》- 少儿读物 Ⅳ. ① K928.9-49

中国国家版本馆 CIP 数据核字（2023）第 120264 号

责任编辑：周天闻　　　　　　　插图绘制：袁微溪
责任校对：李露洁　　　　　　　装帧设计：尹琳琳

出版发行：化学工业出版社（北京市东城区青年湖南街 13 号　邮政编码 100011）
印　　装：北京宝隆世纪印刷有限公司
787mm×1092mm　1/16　总印张 17½　字数 290 千字　2024 年 1 月北京第 1 版第 1 次印刷

购书咨询：010-64518888　　　　　　售后服务：010-64518899
网　　址：http://www.cip.com.cn
凡购买本书，如有缺损质量问题，本社销售中心负责调换。

定　　价：128.00 元（共四册）　　　　　　　　　　　　　　版权所有　违者必究

目 录

入黔之初
/ 02

苗疆掠影
/ 10

碧风遗踪
/ 18

滇东游踪（一）
/ 26

滇东游踪（二）
/ 34

结缘鸡足山
/ 42

憾游大理
/ 51

腾越，西游尽头
/ 58

尾声
/ 70

入黔之初

> **时间**
> 明崇祯十一年（1638）三月二十七日至四月一日
>
> **地点**
> 明属都匀府丰宁下司（今贵州省独山县下司镇），
> 明属都匀府丰宁上司（今贵州省独山县上司镇），
> 明属都匀府独山州（今贵州省独山县）
>
> **主要人物**
> 徐霞客、顾行
>
> **出处**
> 《徐霞客游记·黔游日记一》

崇祯十一年（1638）春末，徐霞客由广西进入贵州。此时正值明朝晚期，朝廷局势动荡，而贵州这片位于西南地区的自治之地，相较于中原，其混乱程度有过之而无不及，因此从徐霞客踏入贵州开始，便注定要遭遇重重困难。在旧司，他遭到村民的冷落，差点儿露宿在外；在上司，他与手执利刃的凶悍武夫共用一伞，身陷险境；到了独山州，他虽然被人善待，但也听闻了独山州土司弑父杀母的残忍行径。这种种奇闻怪事，欲知详情，且看下文分解。

由彝村→旧司→丰宁下司→丰宁上司

"徐先生，我等已进入贵州地界，前面有个由彝村，小人只能护送至此，告辞了！"

"一路上有劳二位小哥了，告辞！"徐霞客辞别了南丹州的差夫，与顾行来到由彝村。

村里人看了徐霞客的马牌，答应派马匹和挑夫给他。徐霞客等了很久，才等来两个挑夫，他们挑着担子先走了。直到傍晚，村里允诺的马匹才被牵过来。

主仆二人跋山涉水，穿过三个村寨，赶上两个挑夫时，夜已深了，马夫随后也牵着马匹匆匆离去。四人摸黑一齐走到旧司，挨家挨户地敲门，敲了很久，才有一户人家懒懒地开了门，让他们饿着肚子躺在没有茅草铺盖的地面上睡了一夜。

天亮后，徐霞客拿着名帖来到旧司南面的一个寨子里，想找下司的土司杨国贤索取差夫。可杨国贤避而不见，推托说自己与上司的杨柚不和，不敢派遣差夫。

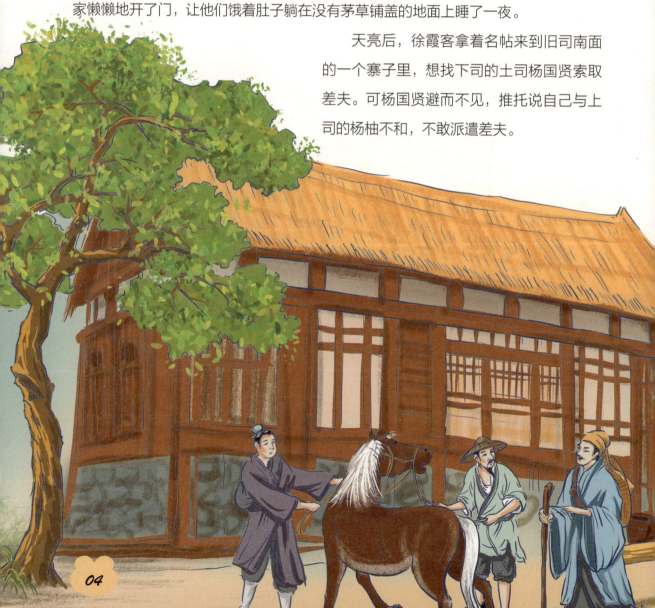

原来，上司和下司同属丰宁长官司，两处的土司，一个叫杨柚，一个叫杨国贤。杨柚精明干练，将上司治理得井井有条，杨国贤却是个无能之辈，让下司变成了一个盗贼横行的地方。而徐霞客借宿的旧司，原本是下司衙门的所在地，后来被上司攻占，杨国贤便搬到旧司南面的寨子里住了下来。

徐霞客回到旧司吃完早饭，重新雇了挑夫，几人各挑一担行李向北而行。进入上司地界后，他们又走了二十多里，忽然遇上一场猛烈的山雨。挑夫戴上斗笠，徐霞客与顾行也撑开了伞。过了一会儿，四个背着弓弩、腰挎长剑、手持飞镖的莽汉跑了过来，各自找人共伞，其中两个人将徐霞客夹在中间，问道："你们要去哪里？"

徐霞客见这几人目露凶光，心里有些忐忑，但他还是故作镇定地答道："都匀府。"

随后，几人各自无话，空气仿佛凝固了一般，徐霞客连雨声都听不到了，只盼望大雨赶紧停下来，好让这几个人从伞下走开。呆立许久，雨势终于小了，徐霞客也把那句酝酿已久的话说了出来："我们可以走了。"

"走吧！"四个莽汉异口同声，他们看着徐霞客一行人挑起担子往前走，自己却站在原地一动不动。

"糟了，他们果然不是好人！"徐霞客倒抽了一口凉气，感觉心跳到了嗓子眼。

丰宁上司→独山州

徐霞客一行人慌慌张张地走了三里，直到进入上司城后，见那四个莽汉没有跟过来，这才松了口气。

上司城中有座囤山，山上建有用于军事防卫的囤子，土司就住在囤子中的楼房里。徐霞客在驿站安顿好了行李，出门沿着街道走到囤山东麓，又由东麓转入囤山后方，只见一条山脊自西北而来，连接着囤山。山脊东边的峡谷中，有个山洞紧靠囤山山麓，看上去又深又窄。这时，正好有两个人要上囤山，徐霞客便上前问道："请问这个洞深不深？"

其中一人答："不深，不过半山腰有个很深的山洞，必须拿着火把进洞。"

徐霞客跟着那两个人沿着陡峻的石阶路往上爬，费了好大力气才来到半山腰。这里有座三开间的楼房正当冲要之处，充当囤子的一道关隘。徐霞客走进楼房，向楼下一对正在做饭的夫妻借了一支火把，然后踩着牲畜的粪便，穿过楼后的猪圈马房，进了山洞。山洞洼陷下去，洞底污泥淤积，洞顶又不停地滴着水，根本无处落脚。徐霞客只好走出山洞，回到驿站歇了下来。

次日，徐霞客一行人走了三十多里，来到了独山州。那里鳞次栉比的楼房都是用瓦盖顶的，不再是简陋的草棚牛圈。居民也十分和善，因此徐霞客很快就找到了借宿的地方。这家的主人名叫黄南溪，是个为人忠厚的老者。

> **囤**
>
> 徐霞客在上司城中所见到的囤子，是一种类似堡垒的军事防御性建筑。古时候，军队会在人口密集的地方建起堡垒，用于防守，而在那些地势险要而狭窄的地方，由于没有足够的土地建造堡垒，便以囤代替，囤中驻扎头目或壮丁。徐霞客在日记中提到的囤山，位于今贵州省独山县上司镇屯脚村，"屯脚"一名，应是指村子位于"囤山脚下"。

饭桌上，黄南溪与徐霞客聊起了独山州的土司："本州土司原是蒙诏，四年前观灯时被他的儿子杀死。蒙诏之妻赶去救护，也被杀了。那孽子当上土司后，朝廷却无人追查此事。"

徐霞客摇了摇头，叹息道："在下入黔以来，沿途多有乱象，所谓'天高皇帝远'，实乃……"

黄南溪急忙制止他："不说了，不说了，祸从口出，吃饭吧，吃饭！"

麦冲堡→麦冲关→普林堡

徐霞客与顾行辞别黄南溪后，跋山涉水，日行五十余里，到了麦冲堡，住了一夜。次日起床，连续下了一整夜的大雨渐渐停了。

主仆二人出了麦冲堡，沿着麦冲河的东岸往上游走。没走多远，一排石壁忽然挡在前方，白浪扑上来，猛烈地拍打在石壁上，溅起许多水花。徐霞客和顾行紧贴石壁，踩着迅疾的水流战战兢兢地往前走。好不容易才过了石壁，转入一个山坞，来到麦冲关。

麦冲关的东边有个真武阁，西边四里外是座山峰，半山腰上有个桃源洞。徐霞客听人说，桃源洞里面到处都是形似幡盖和璎珞的钟乳石。他和顾行将行李寄存在真武阁中，要了两支火把，快步前往桃源洞。途中遇到一位老人，说："桃源洞倒也不远，只是眼下正当雨季，河水暴涨，水流太急，你们是渡不过去的，何必白跑一趟呢？"

徐霞客很失望，与顾行回到真武阁取了行李，继续赶路。走了不久，看见一道水痕顺着山坡流下来。水痕尽头有一个手指粗细的小孔，泉水就是从孔中流出来的。徐霞客将手指伸进去试探，泉水又在旁边冲出一个新的泉眼。原来，这一片地下全是泥沙，泉眼没有固定的位置。

随后，二人来到一个山坞。山坞覆满田垄，小麦青青荞麦熟，放眼望去，一片生机。穿过翠绿的麦浪与粉红色的花簇，转入另一个山坞，又是一片广阔的水田。泉水从山崖上面泻下来，最后流进四面的田野里，却看不见任何人工开挖的沟渠。徐霞客很高兴，他朝田里的一个农夫喊道："老哥，请问贵地叫什么名字？"

农夫停下来答道："普林堡！"随后又鞭赶着水牛继续犁地了。

多雨多山的贵州

在贵州，有一句俗语流传甚广，那就是"天无三日晴，地无三尺平"。这句话形象地说明了贵州的气候特点和地形特点。由于贵州地处云贵高原，大部分地区是石灰岩构成的，随处可见喀斯特地貌，因此地形崎岖不平。也正是由于贵州地形复杂，给冷暖空气提供了许多相互接触的机会，因此形成了多雨的特点。

苗疆掠影

时间
明崇祯十一年（1638）四月十五日至十九日

地点
明属贵阳府定番州（今贵州省惠水县），
明属贵阳府广顺州（今贵州省长顺县）

主要人物
徐霞客、顾行、自然和尚、王贵

出处
《徐霞客游记·黔游日记一》

崇祯十一年（1638）四月十五日，徐霞客来到了贵州广顺境内的白云山，兴致勃勃地参观了白云寺、流米洞、潜龙阁、南京井和龙潭等多个景点。他对南京井情有独钟，多次描绘了南京井及其周边的景色。此外，在白云寺借宿的这几天里，住持自然和尚对徐霞客多有照护，二人由此建立了真挚的友谊。四月十八日，徐霞客离开白云山后，开始了一段截然不同的经历。在狗场堡一带，他屡屡遭到当地人的冷落，无处安顿；好不容易找到一户可以借宿的人家，又被主人安排睡在混着牲畜粪便的破屋里。更糟的是，挑夫王贵偷走了他的路费，逃得无影无踪，无奈之下，他只能负重前行。

白云寺→流米洞→潜龙阁→南京井

"在下查阅《大明一统志》,说此地有座螺拥山,因状如螺拥(即螺蛳壳)而得名,请问长老,这座山在何处呢?"徐霞客向白云寺的住持自然和尚请教。

"先生问对人了,所谓螺拥山,正是这白云山。山下有个罗勇寨,寨里人住了一辈子,也不知道'罗勇'就是'螺拥'的误读,更不知道白云山就是螺拥山。当年,建文帝来到此处,望着山中的白云往上登,故而有了'白云山'之称。荒山僻地,读书人少,谁会来考证这种事情呢?"

徐霞客辞别了长老,和顾行走出白云寺。寺后有个跪勺泉,相传是神龙供奉给建文帝的。这一汪清泉既不会溢出来,也不会干涸。若是想取水,必须跪下去才能舀到。从跪勺泉西侧向北上去半里,是流米洞。山洞只有一丈多深,高悬于山顶的

建文遗踪

文中提到的建文帝就是明朝开国皇帝朱元璋的皇太孙朱允炆(wén)。朱元璋去世后,朱允炆在南京继位,是为惠帝,年号建文。后来,身在北京的燕王朱棣(朱元璋的第四子、朱允炆的叔父)起兵造反,攻下南京,夺得帝位。朱允炆下落不明,人们说他去西南地区当了和尚,因此在云南、贵州、广西的许多地方,都留下了关于朱允炆的传说。

危崖之间，洞里有个石龛，石龛右侧有个小孔，相传曾是大米流出来的地方，而那些大米是专门用来供奉建文帝的。左侧，一条缝隙从高处裂开，上通天窗，中间横架着木板，当地人说这是建文帝的遗物。

流米洞的东边有一座楼阁，入口处的匾额上面写着"潜龙胜迹"。还未进入阁中，顾行就说："想都不用想，里面供的肯定是建文帝。"

徐霞客哈哈一笑，故意问道："何以见得？"

"'潜龙'不就是建文帝嘛！再说了，这荒蛮之地，读书人都没几个，突然来了个皇帝，够他们吹几百……哦不，吹几千年了！"

"哈哈哈，话糙理不糙！"

主仆二人过了楼阁，往北走到一条宽阔平坦、林木幽深的平地上。平地中央有座静室，原本是一个南京僧人静修的地方。静室旁边，一条积满山泉的缝隙连接着南北两个石头孔洞，泉水中居然有许多大鱼。徐霞客刚凑近水面，那些大鱼就掉头躲进了石头孔洞里。

顾行说："这两个泉眼真像两口水井呢！"

徐霞客捡起石头孔洞旁的水瓢，舀起泉水一饮而尽，然后答道："没错，这里就叫南京井。"

南京井→白云寺→龙潭

南京井旁，静室之前，一片园地被老和尚打理得生机勃勃。鲜嫩的蓬蒿郁郁葱葱、青翠欲滴，殷红的虞美人竞相绽放，丰姿艳丽。让人不禁想起王安石的诗句："茅檐长扫净无苔，花木成畦手自栽。"站在园中朝四面望去，高大的树木环绕密布，恍如身在幽深的谷壑之中。

静室内，徐霞客与老和尚相谈甚欢，不知不觉间已经坐了整整一个下午。黄昏时才回到白云寺，与住持自然和尚一同吃了晚饭。

自然问道："先生今夜有何打算？"

徐霞客笑答："群玉山头，瑶台月下。"

"哈哈，明白了，先生想去南京井观赏月色。"

入夜后，天上忽然阴云密布，没过多久便下起雨来。徐霞客为此闷闷不乐，一觉睡到次日半晌午。起床后，徐霞客吃了早饭，坐在窗前等候天晴。可零星的小雨下个不停，直到午饭过后，他才得以与顾行动身往山上走。

主仆二人从南京井附近的一条岔路进入一片深林中，行五里后看到了龙潭。只见西面的山崖间聚积着一潭碧水，形成一个万丈深渊，南边连接着深深的洞穴。

"啊，是了！这些水大概是穿透了整个山腹，一直通向西南方的南京井，同时又在东南方冒出来，形成跪勺泉！奇妙，真是太奇妙了！"

徐霞客与顾行攀过山崖，进入一个山谷，本来打算前往山谷尽头的一座茅屋里面看看，却被一场暴雨赶了回去。雨滴穿过云雾，飞下密林，噼噼啪啪地打在树冠上，满山落叶纷纷。二人淋得浑身湿透，赶到南京井时，老和尚已经锁上房门出去了，唯有门前的虞美人含情脉脉地注视着他们，在空旷的山间显得分外娇艳。

原 典 精 选

其室三楹，东向寥廓，室前就石为台，缀以野花，室中编竹缭（liáo）户，明洁可爱。其处高悬万木之上，下瞰箐（jīng）篁（huáng）①丛叠，如韭畦（qí）沓沓②，隔以悬崖，间以坑堑，可望而不可陟（zhì）。

注 释

①箐篁：竹子。②沓沓：形容繁多。

译 文

这个静室有三个开间，东边辽阔，静室前边就着山石开辟成平台，用野花点缀着，室内编好的竹屏绕在门口，明丽整洁，令人喜爱。这个地方高悬于万木之上，下瞰翠竹层叠，如同菜地里的韭菜一样繁多，但是隔着悬崖，间着深坑，可望而不可即。

白云寺→狗场堡→九家堡

"这几日承蒙长老关照,霞客感激不尽。今日一别,有缘再会。"

徐霞客辞别了自然和尚,带着顾行和挑夫王贵离开白云寺,走了大半日,经过八垒、土地关、野鸭塘等地,来到了一个小山村,名叫狗场堡。

"这位大哥,我们想在此借宿一晚,不知是否方便?"

"我们这里不借宿!"一名晒得黝黑的农夫扬了扬手,话不多说就转身走了。

三人在狗场堡问了一圈,没有一个人肯收留他们。他们只好去了另一个村庄,挨家挨户地敲门,然而这里的村民也都关上屋门,故意躲开了。到了第三个村子,他们硬着头皮闯

进了一个边民的家里。虽然这一夜有了着落，但是主人竟让他们睡在一间混着牲畜粪便的茅屋里面。

次日，天刚蒙蒙亮，徐霞客就起床了。他看看身旁，顾行还在打着呼噜，挑夫王贵却不见了。他觉得有些奇怪，心里嘀咕："这人平日十分懒惰，从未早起过，今日为何起这么早呢？难道……不好！"他急忙从箱子里拿出装盐的竹筒，打开一看，藏在里面的几两金子果然不见了。他叫醒顾行，在村子附近找了一圈，到处都没有王贵的踪影。

"这家伙果然不是个好人！"顾行气得直跺脚，"当日他用板凳砸伤了老爷的脚，后来见老爷想换人，又装出一副可怜相，骗取同情！"

"唉，都怪我对他过于宽厚！但事已至此，也无可奈何了。"

徐霞客回到村里吃了早饭，请求主人挑着担子送他们一程，但主人要价很高，徐霞客只好央求其他人。那些人却说："人家好心留你住宿，你怎么还好意思劳累他呢？你们自己挑吧，到了前面的九家堡就有人送了。"

没了挑夫，不仅顾行的担子加重了，就连徐霞客也不得不背了一大堆行李。主仆二人一路无话，怏怏地走了几里，晌午时才抵达九家堡。九家堡的村民生活习俗接近汉人，打起交道来轻松多了，因此徐霞客很快就雇到了一个挑夫，吃过午饭便上路了。

碧凤遗踪

时间
明崇祯十一年（1638），具体日期不详

地点
明属云南府（今云南省昆明市）

主要人物
徐霞客、顾行

出处
《徐霞客游记·游太华山记》

　　清顺治二年（1645），清军南下。江阴人民抵抗清军，陷入战乱之中，而徐霞客入滇后最初八十七天的游记（即《滇游日记一》），也在战火中化为灰烬。后来经人多方搜求，找到并留存下来的仅有四篇，《游太华山记》便是其中之一。太华山就是今天昆明人所惯称的西山，也叫碧鸡山。在碧鸡山，徐霞客游遍了山上的诸多寺庙和道观，见到了昆明特有的山茶花和种种叫不出名字的奇花异草。他下到山麓，观赏金线泉，初识金线鱼；又攀岩而上，登临绝顶，探寻黑龙池。接下来，就让我们追随徐霞客的脚步，从昆明西山开始云南之旅吧！

滇池→高峣→杨太史祠→太华寺

徐霞客与顾行走出昆明城,在滇池岸边上了船。天朗气清,坐在船上近听桨声欸(ǎi)乃,远看两岸平阔的田野,心情很舒畅。

十里后,田野不见了,小船驶入一片无边无际的芦苇丛中——这是草海。自此水道渐窄,四周不再是广大的湖面,只有满眼深绿。目光越过苇浪,遥望西边,碧鸡山仿佛一位美人横卧水面,那陡峻的崖壁上,罗汉寺香烟袅袅,屋瓦在日光中闪耀着熠熠光彩。

抵达高峣(yáo)后,主仆二人下了船。高峣是碧鸡山中段的一个码头,有几百户人家在此依山傍水而居。由高峣南上一段路,便到了杨太史祠。

顾行问道:"老爷,这杨太史是什么人?"

"这杨太史名叫杨慎,字用修,号升庵,是正德年间的状元,后来因触怒世宗而受廷杖,被贬到云南永昌。杨升庵在滇三十五年,足迹遍布四方,著述甚多。太史祠旧为'碧峣精舍',乃升庵故居。"

"原来如此……"顾行点了点头,欲言又止。

主仆二人在杨太史祠吃了饭,走到华亭寺逗留片刻,便沿寺南西上,登上一座土冈,又越过两座山岭,顺着一条小径绕到了太华寺。太华寺俯瞰滇池,是西山最大的寺庙。大殿前的石阶两旁,各色山茶花争妍斗艳,南边的一棵大得令人惊异。可是,徐霞客看到这些花朵,竟有几分伤感,他想:如果母亲健在就好了,她一定会喜欢这山茶花的……

碧鸡山

碧鸡山,今人多称之为西山,也叫太华山、睡佛山、睡美人山。相传,曾经有一只碧凤在此山上空飞翔。这个传说一传十,十传百,碧凤变成了碧鸡,于是有了碧鸡山这一称呼。碧鸡山早在唐代就有记载,到了元代,已是云南境内的著名景点,位列"滇南八景"之首,明代时又被推为"云南四大名山"之冠。碧鸡山由华亭山、太华山、罗汉山等诸峰组成,连绵40多公里,最高峰海拔2500多米。

太华寺→朝天桥→抱一宫→罗汉寺

徐霞客与顾行穿过太华寺正殿的回廊，进入一座楼阁，向东俯瞰滇池。视线所及，只能看到翠绿的草海，看不到浩浩荡荡的水面。于是他们出了寺庙，上上下下、兜兜转转来到罗汉寺北庵，又由北庵南上，抵达朝天桥。

朝天桥横跨在两座断开的山崖之间，下临深渊，上接危崖。过了桥，南边便是灵官殿。主仆二人由大殿东边的侧门往下走，顺着崖壁上陡峻的石阶路向高处登。每登几十丈，路旁就会出现一片平展的石台，人们就着石缝凌空架木，建起一座座道观。有楼，供奉纯阳祖师；又有殿，供奉元始天尊；还有宫，名叫抱一宫。都是东临滇池，高嵌在悬崖之间。虽然各自规模不大，但都点缀在白云与石崖之间，彼此散开又互相映衬，视野开阔，可将浩渺碧波尽收眼底。

抱一宫南边的崖壁上，栈道高悬。穿过悬崖上的缝隙，便有一座小楼紧贴石崖，楼中寝具、神龛、炊具、灶台，一应俱全。

二人返回北庵，往南下到罗汉寺正殿。殿后有一座悬崖，崖南边的转折处，在悬崖下汇集着一汪泉水，名叫勺冷泉。

转过勺冷泉，头顶的石崖越发高耸了。中间只萦绕着一条腰带似的平地，将雷神庙、三佛殿、寿佛殿、关帝殿、张仙祠和真武宫连缀起来，下方则皆是斜坡断崖，直插水底。

杨慎为华亭寺所写的对联

一水抱城西，烟霭有无，拄杖僧归苍茫外

群峰朝阁下，雨晴浓淡，倚栏人在画图中

滇池

滇池又叫昆明湖，位于云南省昆明市西南部，是云南省第一大湖泊，也是金沙江支流普渡河的上源，有"高原明珠"之美称。滇池北部有一条横亘东西的沙坝，将滇池分为南、北两个部分，北部称为草海或内海，古时又叫西湖，湖水较浅，只有1米左右深；南部称为水海或外海，是滇池的主体部分，湖水较深，湖面宽广。

龙门村→金线泉→黑龙池

徐霞客和顾行下到山麓的龙门村，正逢一个渔翁在岸边收网，凑近一看，网中有许多小鱼，长不到四寸（长度单位，明代一寸约合 3.2 厘米），身子圆肥，头尾之间有一缕金线。

"老哥，这是什么鱼啊？"徐霞客问道。

"金线鱼，这种鱼只在我们这里才有，好吃！"

徐霞客听了，心想：今晚就找个地方吃一顿金线鱼吧！

二人往南走了五里，只见西侧耸立着一道黄色的石壁，就像一道榜文悬在天上，因而当地人称其为挂榜山。由此地往南数里之后，二人来到金线泉。泉水透过三个瓦瓮口大小的洞口从山腹中流出来，各自注入滇池。

游罢山麓，主仆二人上山返回抱一宫，询问去山顶黑龙池的路。一个当地人操着土语告诉他们："去黑龙池要绕路哩，先往北走到太华山，再向南边往上爬。"

徐霞客道了谢，心下却想：黑龙池就在金线泉正上方的绝顶处，我若从此处攀缘而上，也可省却许多路程。他对顾行说了这个打算，见顾行有些为难，便让顾行留在抱一宫等他。

他踩着石棱,用手抠住山崖间的裂隙,一步一步地往上爬。在一些石缝间,他见到了许多奇花异草,其中认识的唯有牡丹。即使是牡丹,此地的也与其他地方的迥然有别——那些牡丹凌乱地分布在崖壁上,全都结了果,果实边缘是绿色的,中间却是红色的。

爬了一里多,徐霞客抵达山顶。远处,一丛丛岩石如莲花出水般平铺散开,到了南面又深深下坠,继而耸起为一座突兀的山峰。徐霞客从山顶往东下了二里,在陡峻的山崖间找到黑龙池,游览一番后,见天色将晚,便匆匆下山与顾行会合了。

原典精选

壁纹琼葩瑶茎①,千容万变,皆目所未收。素习者惟牡丹,枝叶离披②,布满石隙,为此地绝遘③,乃结子垂垂,外绿中红,又余地所未见。土人以高远莫知采鉴,第④曰山间野药,不辨何物也。

注释

①琼葩瑶茎:奇花异草。葩:花。瑶:形容珍贵、美好。②离披:形容茂盛。③遘(gòu):遇见。④第:只;只是。

译文

崖壁上的石纹间,满是琼花玉茎般的奇花异草,千般姿容,万种变化,都是前所未见的。我平素熟悉的唯有牡丹,枝叶扶疏,布满在石缝间,是这个地方绝难遇见的,竟然结籽下垂着,外绿中红,又是在我们那地方没有见过的。当地人因为山高路远不知道采回去鉴别,只说是山间的野生草药,不认识是什么东西。

滇东游踪（一）

- 时间

明崇祯十一年（1638）八月十六日至十八日

- 地点

明属广西府师宗州（今云南省师宗县），
明属曲靖府罗平州（今云南省罗平县）

- 主要人物

徐霞客、顾行

- 出处

《徐霞客游记·滇游日记二》

崇祯十一年（1638）八月十六日，徐霞客从云南承宣布政使司（承宣布政使司是明朝的一级行政区，相当于今天的省级行政区）东部的广西府出发，前往师宗州与罗平州。这一段旅途仍然十分艰苦，徐霞客与顾行冒着绵绵细雨行走在泥泞的山间小路上，除了忍饥挨饿，还得担惊受怕，时时提防叛军与强盗的袭击。那么，徐霞客究竟有没有再次遇上强盗呢？他能够顺利地到达目的地吗？

广西府→师宗州

徐霞客才道出"师宗"二字,那位萍水相逢的李老汉就摆手说道:"去师宗?我劝你们还是待在广西府城,别去赌命!如今叛贼普名胜的军队四处作乱,闹得百姓鸡犬不宁!若由府城去往师宗,沿途荒无人烟,随时都有杀身之祸啊!"

"原来如此,多谢您老,那我们就不去了。"徐霞客一番敷衍,等对方走远了,便带着顾行加快脚步前往师宗州。

走了几十里,二人在路上遇见了一位老人和一个小孩。徐霞客与老人搭了几句话,老人很热情,主动提出给他们带路。

暮色降临,徐霞客跟着老人和小孩走在前面,顾行远远地跟在后面。他们顺着山坡走到一处山坳中,这里泥泞不堪,小路上水流交错,几乎辨不清道路。

徐霞客想看看顾行有没有跟上来，便停步喊道："老顾，老顾！"

老人急忙摇手制止，并小声道："小心引来土匪！"

此后，三人一路无话，走了很远，渐渐听到隐隐的狗叫声。他们涉过一条小溪，又登上一个山坡，望见前方不远处亮着一片稀疏的灯火，老人说："马上就到师宗城啦！"

三人走到东门，可城门已经关了，他们只好沿着城墙走到东北角。老人见那里有几座茅草屋，便辞别徐霞客，带着小孩离开了。徐霞客敲遍了门，没人肯开，他站在外面，忧心忡忡，一边挂念顾行的安危，一边担心无处借宿。过了很久，一个黑影一高一低地踱了过来，徐霞客激动不已，这是顾行来了。

主仆二人站在夜色中茫然无措，很久之后，终于有人开门了。那人问道："你们来的时候没有碰到土匪吗？"

"只听说有土匪，但是没有碰到土匪。"

"好运气！五里外的尖山下面，时时有土匪出没。平时天还没黑，我们本地人就不敢出城了，你们能在夜里平安地走过来，真是好运气！"

师宗州→张飞哨→偏头哨→白蜡山

　　天上细雨霏霏，地下淤泥及膝。徐霞客和顾行离开师宗城，才走几步，徐霞客就摔了一跤，顾行也踉踉跄跄，举步维艰。

　　走了几里烂泥路和几十里山路，主仆二人来到一个峡谷上方。放眼望去，峡谷两面的山崖都是绵亘的峭壁，有的从中剖开，形成小的峡谷；有的被巨石连接起来，成为石梁。峡谷忽断忽续，水流穿行其间，不知何往。徐霞客走过一道石梁，望见南北两面峡谷中的水，一条从石梁下的"桥洞"中流出去，一条从"桥洞"中流进来。这让他想起了自己的人生，他选择了一条与科考求仕截然不同的道路，几十年来走遍大江南北，年纪越大，他就越觉得当初的决定是正确的。

　　他在石梁东边挑了一块大石头，坐下来观赏美景。俯瞰之下，峡谷如一堵堵墙壁

相夹而成，其中明暗不一，曲折而又通透，可惜崖高壁险，不能下去游览一番。

　　一个小时后，晨雾散去。不久后主仆二人抵达张飞哨。这里是山中最僻静险要的地方，虽然空无一人，但茅屋前面仍旧竖着哨所的旗杆。二人往东下行三里，又是一个哨所，名叫偏头哨。哨所中没有住房，只有一个人挎着刀、挂着枪，站在路口收钱。那人拦住徐霞客和顾行盘问一番，见徐霞客不是歹人，又有官府信物，没有收钱便放他们过去了。

　　过了偏头哨，再登上一座岭，便进入罗平州白蜡山一带。山岭由此越发重叠、险峻，峰顶的石头和树木也多了起来，不再像师宗州那样全是土山和长满茅草的山脊。

　　主仆二人翻山越岭，又走了十来里，忽然遇见五六个人手持长矛大刀，大摇大摆地走过来。徐霞客以为不妙，却没想到这些人是军营里的士兵，他们二话不说就带着主仆二人去营房安顿下来。

白蜡山→罗平州

黎明时分,浓雾弥漫,天上又下起了绵绵细雨,道路比前一天更加泥泞了。徐霞客与顾行在营房吃了早饭后继续赶路。

在一条山路旁,徐霞客见到了一块形如虎头的岩石,岩石下层就像吐出来的舌头,"舌头"上方有个拳头大小的孔洞,泉水就从洞里溢出来。徐霞客把整条手臂伸进去试探,发现洞壁十分光滑,口径大小一致,与从前所见过的泉眼很不一样。

"正好可以洗洗脚!老顾,你也来洗洗吧!"徐霞客说着就将沾满污泥的脚凑近泉水洗了起来。洗完一转身,右脚忽然疼痛不止。

"糟了,一定是我用山泉洗脚,冒犯了山间的神灵。"徐霞客双手合十,自言自语道,"如果真是这样,请神灵接受我的忏悔,在十步以内赦免我的罪过……"

徐霞客踱起步来,走到第十步时,疼痛忽然止住了。徐霞客松了口气,又祈祷了一番。顾行见他这样,忍不住调侃起来:"老爷,你向来不谈神鬼之事,今日为何这样?"

"山川神秘莫测,不可侵犯。我等行路之人,一定要有一颗敬畏之心啊!"

随后,二人走了十几里,来到一片开阔的山坞里。远望东境,有许多险峰并排矗立,密如丛林,那是罗庄山。罗庄山与白蜡山相互对峙,仿佛一对巨大的屏风。

二人又走了一程,过了一座桥,看见许多稻田,心知到了城郊。再走半里,

南盘江与北盘江

南盘江发源于云南省曲靖市的乌蒙山余脉马雄山东麓,最后汇入北盘江。北盘江发源于马雄山西北麓,其许多河段是云南省和贵州省的分界线。在《徐霞客游记》中,有一篇《盘江考》,是徐霞客经过实地考察之后所得到的宝贵成果。这篇文章纠正了人们长期以来对于南、北盘江的发源地及支流等一系列问题的错误看法,为我国地理学的发展作出了重要的贡献。

果然来到罗平州城。这天正是城东赶集的日子,主仆二人在客店放下行李,吃了顿饭,一同去集市买了些新鲜的榛子和熏制的鸡枞。回到客店时,正好遇上客店老板的女婿姜渭滨。姜渭滨读过不少书,对当地地形很了解。徐霞客很高兴,便向他询问盘江的源头与水系,姜渭滨竟能对答如流。徐霞客有所怀疑,心中暗道:"此话不可尽信,盘江真面目,还是由我徐霞客来揭晓吧!"

滇东游踪（二）

时间
明崇祯十一年（1638）八月二十四日至二十九日

地点
明属曲靖府罗平州（今云南省罗平县），
明属安顺府普安州（今贵州省普安县）

主要人物
徐霞客、顾行

出处
《徐霞客游记·滇游日记二》

徐霞客为了考察南盘江的流向，去了广西府、师宗州、罗平州等云南东部的边地，又从罗平州进入贵州的黄草坝。在这段旅程中，徐霞客遇到了乘人之危的黑心船夫和坐地起价的旅店老板娘，也感受到了夜幕降临时凄风苦雨、险山树影给人带来的恐惧。不过，他也总是遇上好人，比如一贫如洗但宅心仁厚的陈老翁和以礼待人、热情好客的吴家人。在黄草坝，徐霞客完成了对南盘江下游的考察，并写下了许多宝贵的札记，其中还有一个预言，在日后将被历史所证实。

江底寨

界头寨

界头寨→江底河

"老人家,请问这里是什么地方?"徐霞客问道。

"这里是界头寨,罗平州到此为止。再过去有条江底河,河对面就是贵州的普安啦!"

徐霞客道了谢,与顾行继续往东走,上了一座岭后,又向南行。俯瞰东面,石崖高悬,不时突起于松林与竹影之中。又行一里后,沿着崖壁下行,便看见悬崖之下河流弯曲,劈开巨石,向着西南方飞奔而去。隔岸有两三座茅屋,仿佛苔点一般依附在崖脚之下。

主仆二人又走了一段,终于下到河岸边。正当河水暴涨的时节,临近河流,徐霞客才真真切切地体会到水势的汹涌。

徐霞客从行李中取出纸笔,记录道:"其水发源于师宗西南龙扩北,合陆凉诸水为蛇场河,由龙甸及罗平旧州,乃东北至伊泽，过束龙山后，转东南抵此，即西南入峡，又二百里而会八达盘江者也。罗平、普安以此江为界，亦遂为滇东、黔西分界焉。"

写完之后抬起头，看到一条小船停在了对岸。徐霞客高声疾呼："船家，可否渡我过去？"喊了几次，也没人过来。

一直等到傍晚，对岸才有船夫出来喊道："河水暴涨，要几个人一同划船，才能渡你！"

"胡说八道！这样的水势，两个人就能划过来！"顾行气愤地说。

"嗯，无非是乘人之危。"徐霞客淡淡地应了一句。对于这种事情，他早就见怪不怪了。

又过了很久，才有五个人划着船过来了。小船没有靠岸，只有一个人涉水上来索要钱财。徐霞客没有多说，给足铜钱上了船。这时天色已经昏黑，雨又淅沥沥地下了起来。

徐霞客心想：过河之后，必须尽快找个旅店歇下来，但愿不要碰到黑店吧……

江底寨→柳树→沙涧村

"店家，店家！有人吗？有……"

"莫喊，莫喊，来了！"一阵泼辣的声音从后屋传出来，紧接着闪出一个皮糙肉厚的妇人，盯着徐霞客上下打量。

"吃饭还是住宿？"那妇人毫不客气，毕竟天色已晚，方圆十里之内没有其他旅店了。

"要吃饭，也要住宿。"徐霞客感到有些不妙。

妇人道："先给钱，再吃饭。吃饭三十文，住宿一百五十文。"

"果然狮子大开口！此地米价甚贱，一升只要五文钱，吃她一顿饭，竟要三十文！"徐霞客摇摇头，给了她一百八十文，催促她赶紧做饭。

不一会儿，饭菜端来了，不仅分量很小，而且十分难吃。吃完再要，那妇人却说没有了。

次日，雨还没停，主仆二人吃完早饭就上路了，因为他们不想在这黑店里面再多待一刻。

他们上高山，走峡谷，冒着细雨钻过层层密林，三十多里后抵达一个名叫柳树的地方。这里的房屋尽皆建在山冈上，居民都是汉族人。主仆二人在一位姓陈的老翁家里住了下来。老翁虽然一贫如洗，对待客人却很仁慈，一见面就生起一堆火，让他们烘烤湿衣服。

这一晚，虽然饭食没有盐，睡觉也没有垫背的草，但徐霞客因为老翁的厚待而觉得很高兴、很满足，睡眠便也安稳了许多。

天亮后，主仆二人与老翁围在火塘边一起吃了饭，等雨停了，便辞别老翁下了山。他们在山坞中走了整整一上午，终于听到了一点儿水声、风声、雨声和鸟叫声之外的声音——"咚咚"，有人在砍柴，不远处的峡谷中还有成片成片的稻田，村落近了。

行不多时，山上有了人家，徐霞客上去一问，得知这里名叫沙涧村，离他此行的目的地黄草坝营已经不远了。于是不作逗留，继续赶路。

原典精选

其峰耸亘危削，如屏北障。其西有坞下坠北去，其中箐①深雾黑，望之杳然。路从峰南东转，遂与南峰凑峡甚逼。披隙②而东半里，其东四山攒沓③，峰高峡逼，丛木蒙密，亦幽险之境也。

注释

①箐：山间大片的竹林，泛指竹木丛生的山谷。②披隙：犹言穿过缝隙。③沓：层叠。

译文

这座山峰突兀绵亘，危耸陡峭，如屏风挡在北边。山峰西边有个山坞下坠北去，山坞中竹木幽深，云雾浓重，望过去觉得悠悠渺渺。脚下的路从山峰南边向东转，这座山峰便与南面的山峰凑拢形成峡谷，十分狭窄。穿过缝隙往东走半里，东边的四座山攒聚层叠，山峰高峻，峡谷逼仄，林木浓密，也是一个幽静险绝的地方。

黄草坝营→丰塘→碧峒

终于到了黄草坝营，徐霞客与顾行住进了一户姓吴的人家。这家人很热情，备下许多酒菜款待他们。

饭桌上，吴家主人对徐霞客说起了黄草坝营的往事："这黄草坝从前是个安居乐业的好地方。可就在前年，步雄部落的龙土司和他的亲戚沙土司领兵攻打此地，大肆破坏，其后侬土司又取代了龙土司。一来二去，黄草坝就不复往昔了，不但街道邋遢狭窄，房屋也尽皆变为草房和矮屋。即便如此，普安州十二营，论起缴纳钱粮税赋的数量，还是以黄草坝营为首。"

徐霞客道："据在下所知，黄草坝与滇、桂两省接壤，道路四通八达，且人口集中，良田颇多，着实可建一县！"

"先生博闻强识，见微知著，在下佩服！"吴家主人大为欢喜，又与徐霞客聊起盘江的流向。徐霞客收获颇丰，与他谈至夜深方才歇下。

此后两天，雨下不止，徐霞客只好待在吴家写日记、与人闲聊。

第三天，雨小了，徐霞客辞别吴家，与顾行一口气走了二十余里，抵达丰塘一带时却迷了路，在同一个山坞里来来回回转了几圈才走出去。

山高路险，白茅遍地，主仆二人踩着积水，不知不觉又走了十几里，傍晚时分进入一个开阔的山坞。山坞两面危峰对峙，四周黑影重重，又逢山雨欲来，风吹草动，倍觉阴气森森，让人惴惴不安。二人紧赶慢赶，几里后终于来到一个寨子外面。

寨门紧闭，寨子里时时传出舂米的声音。徐霞客喊了几声，许久之后，一个人举着火把走了出来，问过徐霞客与顾行的意图，随即打开寨门让他们进去了。

徐霞客问起此间为何处，那人答道："碧峒。"

"啊，原来是碧峒！老顾啊，我们又回到云南啦！"

徐霞客与黄草坝

黄草坝是徐霞客滇东之行经过的重要地点。在黄草坝，徐霞客对南盘江的流向有了进一步的认识，并结束了对南盘江的考察。由于下雨不止，他也有了充足的时间撰写日记和札记。在《滇游日记二》中，他对于黄草坝着墨甚多，包括黄草坝的地理、交通、经济、政治等多个方面，以此论证了黄草坝的发展优势。后来，历史证实了徐霞客的远见——清嘉庆三年（1798），朝廷在黄草坝设兴义县，属普安州。嘉庆十六年（1811）又改属兴义府。1982年，兴义成为黔西南布依族苗族自治州的首府，1987年变更为兴义市。

结缘鸡足山

时间
明崇祯十一年（1638）十二月二十六日至三十日

地点
明属大理府鸡足山（今云南省宾川县）

主要人物
徐霞客、顾行、弘辨和尚、沈公

出处
《徐霞客游记·滇游日记五》

鸡足山是我国的佛教名山，位于云南省大理白族自治州宾川县，因形似鸡足而得名。崇祯十一年（1638），年关将近，徐霞客来到了鸡足山。他此行的目的除了游览，还要办一件重要的事情，那就是帮助故友静闻和尚完成遗愿，将其遗骨安葬在鸡足山上。事情进行得很顺利，徐霞客也结识了弘辨、沈公、沈莘野等诸多好友。在他们的关照之下，徐霞客度过了一个轻松愉悦的除夕，留下了"度除夕于万峰深处，此一宵胜人间千百宵"的感叹。

悉檀寺→文笔峰→迦叶殿

这天清晨，徐霞客正在悉檀寺的斋堂喝粥，僧人弘辨走进来说："施主，日前你提及静闻法师遗骨安葬之事，今日正是竖塔心的吉日，此事可以落定啦！你我稍后一同去看看，也好选定一处塔址。"

"甚好，甚好！"徐霞客很高兴，匆匆喝完粥，就与弘辨走到文笔峰，经过一番商议，在半山腰为静闻选了一处合适的墓址。

下午，一切准备就绪了，徐霞客偕同弘辨、顾行，再次来到文笔峰，安葬静闻遗骨。

"去年九月二十四日，静闻病殁。我于同年十二月十九日收得静闻骨殖，至今刚满一年。今日我有幸抵达滇西，帮他了却遗愿，埋骨于鸡足圣地。斯人已逝，然每每忆起湘江遇盗时，静闻奋不顾身，舍己为人……"徐霞客说着说着就哭了，顾行也在一旁落泪。一日无话。

次日，徐霞客独自登上鸡足山的绝顶天柱峰，来到迦叶殿。迦叶殿前有天长阁，后有多宝楼和善雨亭，四面筑墙，又建起"云观""日观""雪观""海观"四座门楼，分别代表云南县的彩云奇观、泰山的日出、丽江府的雪山和苍山洱海的风光。徐霞客听说，此地曾是土主庙的基址，后来云南巡按张凤翮（hé）认为天柱峰上不能不供奉迦叶尊者，于是捐资在峰顶修建了这座迦叶殿，而将土主庙迁至一旁。此举引起了昆明沐王府的注意，沐王府下令将省城东边太和宫的铜殿往西迁至天柱峰，取"铜属金，金在西方，可以克木"之意，压制张巡按。

此时的迦叶殿，后面的正门口堆满了铜殿的构件，徐霞客只好从殿外绕到天长阁。原来，此处有两个主事的和尚，一个是陕西人，主管迦叶殿；一个是河南人，住在

沐府

沐府是明朝人对黔国公府的俗称。开国功臣沐英受封为西平侯之后，其子孙又晋封为黔国公，世袭镇守云南总兵官。沐氏家族久居云南，权势日盛，一些沐氏子孙不但鱼肉乡里，甚至凌驾于三司（即承宣布政使司、提刑按察使司、都指挥使司，是明代省级的最高行政机构）之上。在《徐霞客游记·滇游日记一》中，徐霞客专门用一则随笔记述了沐府第十三代黔国公沐启元迫害儒生的行径。

多宝楼，他们针锋相对，并不和睦。河南和尚见徐霞客来了，便对他说起陕西和尚的坏话，说完又留他吃饭。徐霞客对这两个和尚都有些嫌恶，于是婉言谢绝，去了土主庙，可过了一会儿又被陕西和尚请到殿内，听其诉苦。徐霞客无可奈何，一边随口应答，一边却想着明日的打算。

迦叶殿→礼佛台→华首门

年关已至,鸡足山上十分寒冷。徐霞客披了件厚厚的衣服,一整个上午都待在天长阁和善雨亭抄录碑文,直到手指冻僵,才去迦叶殿吃了午饭。

徐霞客走出北门,途经束身峡、伏虎庵,来到礼佛台。礼佛台高悬于绝顶的西北一隅,直逼深谷,仿佛小船浮壑,妙不可言。礼佛台的北面,危崖倒悬,石径断绝。而西面的悬崖俯瞰着壑谷中央,岩石四裂,飞挺而上,好似花苞迎空绽放。崖壁上栈道凌空,就像飞龙盘绕在层岩之上。

徐霞客走到八功德水,从这里开始,山崖旁的道路越发狭窄了,像绳线一样镶嵌在绝壁上。仰望悬崖,高不见顶;俯瞰脚下,幽深莫测。整座悬崖如同一幅巨大的《万仞苍崖图》悬挂在天际,而徐霞客置身画中,恍惚间竟不知自己身在何处。

他又往东走了一里，悬崖的地势向上飞翘，好似穹隆一般环盖其下。崖壁悬垂，戛然而止处，岩石排列成关上的门扇的样子，门框以内，壁立如削，这就是华首门。华首门的下面，紧靠石壁建有亭子，两旁又有砖塔相衬。相传，这是佛陀的弟子迦叶尊者入定的地方，最终，他在这里将释迦佛的衣钵传给了弥勒佛。

华首门附近的石壁上，镌刻着右佥都御史王士性题写的诗偈，而云南巡按御史倪于义也效仿王士性，将"石状奇绝"四个红色的大字横刻在石壁上。

"哼，"徐霞客冷笑一声，想起这鸡足山上，到处都是倪于义的题刻，"束身峡上写的是'石状大奇'，袈裟石上写的是'石状又奇'，兜率庵峡口上还有个'石状始奇'，真是东施效颦，暴殄天物！山神到底有何罪过，竟然要遭受此等折磨！"

> **人文地理学家王士性**
>
> 王士性，字恒叔，号太初，明代人文地理学家，生于1547年，比徐霞客年长40岁。王士性在做官的二十余年里，趁便游览了各地名山大川，足迹遍布当时的两京十二省，仅有福建未曾涉足。王士性曾两次登上五岳，因而称其为"王十岳"。王士性著有《广志绎》《五岳游草》《广游志》等，这些著作是与《徐霞客游记》一同被今人重视的地理著作。不同之处在于，前者侧重于人文地理，后者侧重于自然地理。

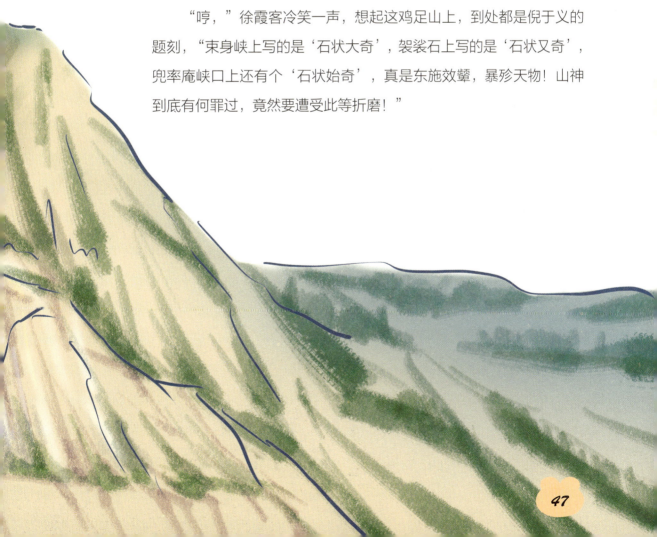

悉檀寺→兰陀寺→莘野楼

"沈公!抱歉抱歉,让您久等了!"徐霞客一边下楼,一边向一位老者打招呼。

"哪里哪里!日前与先生一会,甚是投缘,今日特来拜访!"

二人各自行了礼,相对而坐,热络地聊了起来。过了一会儿,一个小和尚走进来对徐霞客说:"施主,寺里已备好一池热水,请您与四位长老一起沐浴。"

"好,有劳小师傅,我即刻就去——沈公,你我一同前去,如何?"

"甚好,甚好!"

此时天色已黑,二人与寺里的四位长老来到浴池边,先用清水洗了身子,然后才下到池中。只见那浴池用砖砌成,长一丈五尺,宽八尺,热水深四尺,取自隔壁屋里的大锅。那大锅要烧整整一日,才有这么多热水。

徐霞客笑道："我自入滇以来，只在温泉里泡过澡。今日这种泡法，还是第一次体验啊！"

几人泡了一会儿，又到池外擦洗身体，这样反复几次后才离开浴池，各自回房休息。

次日上午，徐霞客和沈公、顾行一起逛了集市，下午就在兰陀寺里抄录碑文。天黑以后，碑文还未抄完，徐霞客便让顾行去悉檀寺取铺盖，准备在兰陀寺过夜。顾行回来后，对徐霞客说："弘辨长老托我转告您，明日是除夕，希望您早些回悉檀寺，不要让他记挂。"

"哎，知道了。老顾，你先去歇着吧……"徐霞客心中涌起一阵悲伤，久久无法平息。他想家了，可那江阴城中，母亲早已不在。

大年三十，徐霞客抄完碑文，便去了沈公之子莘野的楼阁，与沈公父子二人一同吃饭，其乐融融，又受邀在楼阁住了下来。

入夜以后，徐霞客独立楼台，凭栏远眺。天上群星闪烁，而山坞之中，攒动的火光也遥相呼应着——那些进香的人，已经开始不约而同地涌向山头了。

憾游大理

时间
明崇祯十二年（1639）三月初十日至十一日

地点
明属大理府邓川州（今云南省大理市洱源县邓川镇）

主要人物
徐霞客、顾行

出处
《徐霞客游记·滇游日记八》

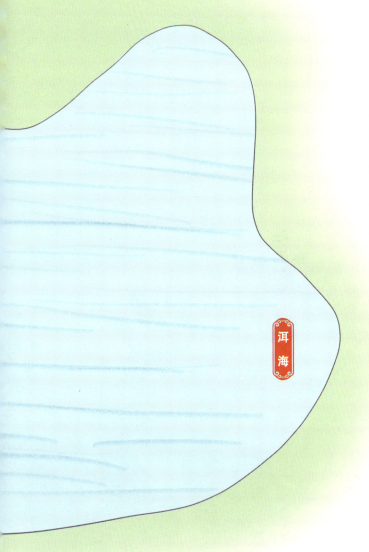

洱海

从古至今，无数人被大理旖（yǐ）旎（nǐ）的风光所吸引，徐霞客也不例外。他还没到达大理的时候，就已经将那四句描述大理景色的俗语牢记于心了。"下关风，上关花，苍山雪，洱海月"，他一路默念着，每到相应的地方，必要亲自探访。然而，这次的行程并不是那么完美。他去寻找奇树"十里香"，却没赶上花期；去观赏奇景蛱（jiá）蝶泉，又为时过早。好不容易跟着一位老人到了古佛洞，偏偏洞内已经荒废，不能尽情游览。徐霞客此行，虽然留下了一些遗憾，但通过当地人的介绍，至少他也神游了一番，并在日记中为后人留下了弥足珍贵的记述。

龙王庙→三家村

"老顾，前面就是洱海了。你和这位老弟先去沙坪村找个旅店，备好饭等我回去。我先去龙王庙和三家村转一转。"

"好，老爷路上小心。"顾行得了吩咐，与挑夫挑着担子先走了。

徐霞客顺大路往东走了半里，来到洱海岸边的山崖上。这里有座龙王庙，庙里住着几个渔夫。庙前有个深坑，上面架起石板供人通行。从石板南边下去一丈多，只见深坑长约二丈，宽约八尺，底部有水流贯。再往下，便见到许多小鱼在水里杂乱地游来游去。而山崖弯曲的地方，又有许多玲珑剔透的孔洞。

徐霞客看了一会儿，一个渔夫走过来对他说："这个叫油鱼洞。年年中秋，这里会出现一种小鱼，大不过手指，周身都是油，是我们这里数一数二的美味！只是过了十月就没有了。"

"多谢指教！如此说来，我到的不是时候啊！"

徐霞客离开龙王庙，来到了三家村，向一个老妪打听村中奇树"十里香"的位置。

"你来的不是时候，'十里香'正月开花，又大又香，开到二月底就没了。"老妪停下来想了想，又掰着手指头数道，"都说大理有四景：下关风，上关花，苍山雪，

洱海月。上关花就是我们这边的'十里香'！"

徐霞客又问："我看书上说，大理有种木莲花，'十里香'就是木莲花吗？"

"不晓得什么木莲花，我们就叫'十里香'！你要找'十里香'，往村后去，就在田里。"

徐霞客谢过老妪，走到村后，果然找到了'十里香'。这棵树长在田间，下临海岸，朝南的树干有一半是空的。

"下关风，上关花，苍山雪，洱海月……"徐霞客念了两遍，点了点头，又摇了摇头，"其中三景我都领教过了，唯独见不到上关花，我来的真不是时候啊！"

苍山洱海

苍山又叫点苍山，位于云岭山脉南端，由十九座山峰组成。最高峰马龙峰海拔4122米，山顶终年积雪。这十九座山峰，每两座之间都夹着一条溪流，一共十八条，最终汇入洱海。洱海是云南第二大湖，面积249平方千米，因形似人耳而得名。苍山与洱海交相辉映，共同勾画出一幅美丽画卷。

沙坪→波罗村→蛱蝶泉

徐霞客在沙坪住了一晚，次日黎明便与顾行和挑夫离开，途经龙首关，沿着苍山东麓向南而行。

远眺苍山，皑皑白雪和郁郁草木平分山色，一座座高峰并肩耸立，中间向下坠为深深坑谷，烟迷雾锁，蔚为大观。

几里之后，三人来到波罗村。徐霞客打发顾行和挑夫先行一步去三塔寺借宿，自己则从村南向西望着山麓快步走去，寻找奇景蛱蝶泉。到了山麓，只见一棵合欢树粗

约一抱，紧靠山崖而生。树根下面，一道山泉自孔洞之中缓缓流出，清澈见底，凉爽怡人。

这时有一个老樵夫路过。他问徐霞客："你是来找蛱蝶泉的吧？"

徐霞客答道："正是，想必这里就是蛱蝶泉？"

"是啊，只是你来早了，想看蛱蝶泉，就要等到四月初。"

"哎，又扑了个空！既然如此，能否请老哥说说这蛱蝶泉的样子？"

"那要从这棵树说起！四月的时候，一群蝴蝶飞到这棵树上，一只勾住一只，从树梢一直吊到水面上，五颜六色，煞是好看！"樵夫说完，得意地摸了摸自己的胡子。

"原来如此！请问老哥，这一带可还有奇异的山景？"

"山景……噢，倒是有个古佛洞，在南边的峡谷里，过去几里路就到了。只是那边都是悬崖，太危险了，没人敢去！"樵夫说罢摆了摆手，转身离开了。

徐霞客只好独自往南走，过了一会儿，又遇上一个老人。徐霞客走上前去，向老人行了一礼，随后问道："请问您老，去古佛洞该怎么走？"

老人听了，欣然答道："听先生口音，一定是不远万里而来，实在辛苦！既然先生想去古佛洞，那就跟我走吧！"

合欢

合欢

合欢为落叶乔木，由于它的花形似马缨，因此我国某些地区也将其称作马缨花。合欢树冠结构优美，许多小小的树叶成双成对地排列在一个小叶轴上，就像一片翠绿的羽毛；而许多小叶轴又相对排列在一个大叶轴上面，组成一只"翅膀"。合欢最美的莫过于它的花，很多人看到合欢花，以为那些粉红色的"流苏"是它的花瓣，其实，"流苏"只是它的花丝，属于雄蕊的一部分。而一束扇形"流苏"，其实也是由许多束小"流苏"聚合而成的。在每一束小"流苏"的底部，有一个黄色的花冠，裂为五瓣，那便是合欢花的花瓣。

古佛洞

徐霞客随老人沿着一条峡谷往上走。地势逐渐升高，仰头一看，全是些危崖绝壁，崖间的皑皑白雪在阳光的映照之下显得光彩夺目。

几里后，二人开始往山上爬。山势越来越陡，下方的谷壑也随之显得越发幽深。他们绕着山崖缓缓向北走了一段，忽然，一块巨大的石头横在前面，挡住了去路。

"哎呀，这块石头是从山上掉下来的，正好挡在了古佛洞的上方！看来我们只能抓着树枝爬下去了。"老人说道。

"在下倒是无妨，只是您老这么大年纪，如此上上下下，恐怕不便啊！"

"唉，那又何妨！我要是怕，就不带你来了！"老人挽起袖子走到路边，转身一个下蹲，双手攀住身旁的树枝，然后将一只脚伸到下方的岩石上，慢慢移动。

徐霞客急忙跟了下去。不一会儿，两人来到一个又高又窄的洞口前。他们走了进去，只见洞穴呈瓣状分开，虽然不大，却十分明亮，洞中的石头也温润光洁。这时，徐霞客无意转了个身，瞬间眼前一亮——他的目光穿过峡谷，远远地落在了洱海的波光之中。

徐霞客看呆了，老者却笑道："这里只是古佛洞的中层，上下还各有一层哩！"说着便带徐霞客来到洞穴下层的入口。地面在这里突然笔直下陷，就像一口幽暗的枯井，深不见底。

老人又道："从前有个和尚在洞里放了许多佛像，所以这里叫古佛洞。后来那和尚一走，通往下层的梯子也就没了——走吧，去看看上层。"

两人走到洞穴西侧，只见两座石崖相对矗立，顶部夹着一个"天窗"，透进光来。而洞穴上层的入口，就在右边的石崖上。他们绕着石崖走了两圈，发现崖壁太光滑了，根本就爬不上去。老人摇了摇头，说道："以前这里架着木板，堆着石头，随便爬几下就上去了！可那和尚一走，就都废弃了，古佛洞真是大不如前啦！"

徐霞客笑道："我看未必，正因为难以涉足，这古佛洞才显得格外神秘啊！"

原典精选

泉上大树，当四月初即发花如蛱蝶，须翅栩然，与生蝶无异。又有真蝶千万，连须钩足，自树巅倒悬而下，及于泉面，缤纷络绎，五色焕然。游人俱从此月，群而观之，过五月乃已。

译文

泉上的大树，在四月初就开花如同蝴蝶，触须翅膀栩栩如生，与活蝴蝶没什么不同。又有千万只真蝴蝶，触须相连，腿足相钩，从树梢倒悬而下，垂到水面上，缤纷络绎，五彩焕发。从这个月起，游人成群地来观看这一奇景，过了五月才结束。

腾越，西游尽头

时间
明崇祯十二年（1639）四月十三日至二十七日

地点
明属永昌府腾越州（今云南省腾冲市）

主要人物
徐霞客、顾行、宝藏

出处
《徐霞客游记·滇游日记九》

　　腾越州（即今云南省腾冲市）是徐霞客西行到达最远的地方，也是他最后考察的地区之一。由于腾越州位于国土边境，民风与自然环境十分独特，因此徐霞客的这段旅程既奇又险。在这片神奇的土地上，徐霞客目睹了独特的燃料"草煤"，见识了打鹰山这一休眠火山，并在日记中记载了此山在三十年前（万历三十七年，1609年）的喷发情况。他观飞瀑，探温泉，北至阿幸厂，听闻了某男子的妻儿双双死在"野人"毒箭之下的悲惨往事。在东山一带，他陷入一生之中最危险的境地——为了考察一个无名山洞，他竟然徒手攀岩，中途被困于绝壁，"欲上既无援，欲下亦无地"。难道，徐霞客果真要丧命于此吗？

土锅村→腾越州

这一天,徐霞客与顾行涉过小溪,来到一个小村庄。只见田间的洼地中堆着许多黑乎乎的泥土,有些像粪土,但又闻不到一丝臭味。

正疑惑间,一个男人手持铁铲,挑着一对箢(yuān)箕(jī),走到洼地里铲了起来。徐霞客上前问道:"老兄,你铲的是什么呢?"

男人边铲边答:"好东西!我们本地人叫它草煤。"

"怪不得跟煤一样黑!"

"比煤好!草煤不要钱,随便铲铲就有了!"

"真是遍地黄金啊!但不知此地如何称呼,离腾越州城还有多远?"

"土锅村。我们这里家家户户都是烧土锅的,烧好了就挑到州里去卖。村西有个'十'字大路口,有大路直通州城南门。"

"原来快要到了!好,多谢老兄!"

主仆二人快步走到州城,凭着一封推荐信,在沐府官邸的客舍中住了下来。次日,

徐霞客拿出一封朋友写的推荐信，打发顾行去找潘秀才的住所。潘秀才见信，随即去客店拜访了徐霞客。第三天，徐霞客前往潘秀才家，受到热情款待。

饭桌上，徐霞客说起自己想要出关，去边界之外的缅甸看一看。潘秀才急忙劝道："先生不可！如今天气炎热，正是瘴气最浓之时，贸然前往，恐怕危及性命！先生不妨在此地宽住几日，等沐府的王大人从省城回来了，再和他一同出关，最为稳妥。"

夜晚，徐霞客回到客舍，仍旧想着出关的事情，便找店主人问了起来。店主人使劲摇头说："去不得，去不得！先生是外地客人，那边的瘴气受不住的！不如向北走，有山有水，尤其是打鹰山，先生一定要去看看！"

"也好，那我收拾收拾，明天就上路！"

我国的人口地理分界线

我国人口众多，但分布很不均匀。1933 年，地理学家胡焕庸提出了从黑龙江瑷珲（今黑河）到云南腾冲的人口分布线，总结出中国东南部人口密度大、西北部人口密度小的人口分布特点。今天，这条线被称作黑河—腾冲线，也叫胡焕庸线，它仍然具有现实意义。此外，这条线还大体是我国森林区和草原区的分界线，并与我国 400 毫米等降水量线几近重合。

腾越州→跌水河→宝峰山

清早，徐霞客与顾行将行李寄存在一户姓杨的人家，带了些轻便物品就出发了。

主仆二人穿林渡涧，来到一座石桥上面。只见不远处的峡谷之中，江水一分为三，从高高的悬崖上飞流而下。中间的瀑布宽约一丈五，大如门帘；左边的瀑布宽四尺，形似布匹；而右边的瀑布虽然只有一尺多宽，却化作水柱直捣崖底，势如破竹。

徐霞客大喊道："好，好，真壮观！简直和贵州白水河瀑布不相上下！"可水声没过了人声，顾行只看到他那张大的嘴巴上方，灰白的胡子正随风飘摆。

二人从西面的山崖绕到南面的山崖，与瀑布平视而立。飞溅的水沫倒卷下来，仿佛无数雨滴、雪片远远飞过，喷洒在他们的脸上和衣服上。他们下到峡底沿江而行，时而登高，时而下坡，走了很久，来到了宝峰山上。站在三清殿外的亭子里俯视下方，亭台楼阁点缀在悬崖之间，隔着竹林，绕着山峦，咫尺间竟有缥缥缈缈的感觉。

徐霞客安置好行李，让顾行在那儿守候，独自顺着山林往下走。一里之后，仰面看见右边的纯阳祖师亭下，一座异常陡峭的悬崖直破苍穹，与南边另一座悬崖相偎相依，中间只夹着一线狭窄的石阶，如同天梯倒挂。北边的崖壁上写着"奠高山大川"五个大字，崖下横过一座轩廊；南边的悬崖旁，一块巨岩紧挨玉皇阁，独自耸立着，夹住石阶成为门户。

徐霞客下到山谷中，登上太极崖，随后抵达之前看到的那一线"天梯"下面。"天梯"十分陡峻，几乎容不下脚，只能用手撑住两旁的崖壁，借力往上登。徐霞客一口

黄果树瀑布

在《徐霞客游记·滇游日记》中，徐霞客说跌水河瀑布"与安庄白水河齐观"，这里的"白水河"，指的就是黄果树瀑布群。黄果树瀑布群位于贵州省安顺市镇宁布依族苗族自治县境内，有"九级十八瀑"之称，其中的黄果树瀑布高70多米，宽100余米，水势浩大，是我国最大的瀑布。瀑布周边溶洞众多，洞中景色奇美，更有罕见的洞内瀑布。徐霞客在贵州见到黄果树瀑布时，被其壮大的气势所震撼，他赞叹道："盖余所见瀑布，高峻数倍有之，而从无此阔而大者，但从其上侧身下瞰，不免神悚。"正是由于徐霞客的记录，黄果树瀑布才逐渐被世人所知，被后人冠以"中华第一瀑"的美誉。

气登了八十级,道路终于平缓了一些,变为曲折的石阶路。又登了三十多级,才回到原先的那座亭子里。

徐霞客本想坐下来一边写日记,一边等待月亮出来,观赏山景。可是入夜以后,天空浓云密布,山上忽然刮起了大风。他只好收起纸笔,跟随一个道士进入道观歇了下来。

打鹰山

主仆二人离开宝峰山后,当天就赶到了打鹰山附近,住进了一个小棚子里。

棚子里有两个和尚,是一对师徒,师父名叫宝藏,徒弟名叫径空。径空曾经是个军士,立过不少战功,出家后随着宝藏来到此地,为了开山而四处募化,感动了许多百姓。

次日清晨,宝藏带着徐霞客登上打鹰山游了一圈,让徐霞客开了眼界,不禁赞叹道:"徐某三十年来游历天下,这样的奇山,着实没有见过!"

原来,打鹰山的山顶四周凸起而中央下凹,远远望去,就像一座无头之山,当地人也因其形如马鞍而称之为马鞍山。

宝藏道:"打鹰山之所以成为这般模样,其中大有玄机!贫僧曾听当地百姓说,

三十年前,打鹰山上长满了巨竹和参天古木,郁郁葱葱,密不透风!山里还有四个龙潭,深不可测,只要有人走近,龙潭里的水就会翻涌起来。后来,有个牧羊人赶着几百只羊上了打鹰山,全被一声惊雷给震死了。此后几日,山上火光冲天,不但草木烧得一干二净,就是蚂蚁也没留下一只!而那四个龙潭也成了一片陆地!"

徐霞客听到这里,忍不住打断了宝藏的话:"原来这就是古书中所说的火山啊!山顶的这个大坑,一定是喷火的口子了!"正说着,脚尖忽然踢到一块石头,石头滚出去几尺,脚趾却毫无痛感。徐霞客觉得有些蹊跷,于是走上前去,在草丛里翻出那块石头。石头很轻,就像一个赭红色的蜂房,上面布满了气孔。他又走了几步,找到一块相同质地的大石头,这块石头虽然有一抱之粗,但只要稍稍用力,就能将它举过头顶。

看着石头,徐霞客好像想起了什么,他对宝藏说道:"这种石头,我好像在哪里见过,只是一时竟想不起来了……"

宝藏笑着答道:"先生没有记错,这就是药店里的浮石呀!"

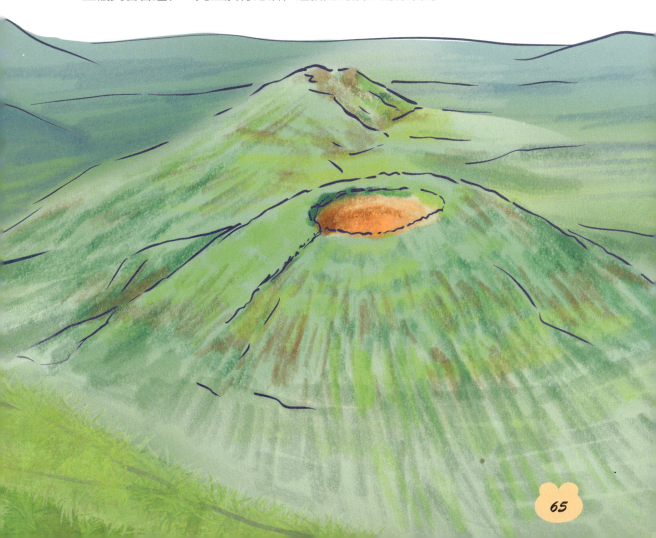

左所→阿幸厂

"你这个人怎么不听劝！你一个外地人，还要往北边走！你不晓得那边的人有多野蛮，我们这里以前好多人过去卖货，在路上都被抢了！"在左所，许多路人都劝徐霞客留下来，不要再往前走了，可徐霞客偏不信邪，执意要走。

"硬要走你就走！只是提醒你，过了阿幸厂，就不要再往北边走了！"

一旁的顾行听了这话，心里有些害怕，但他知道徐霞客的性子，也不好多说，只能硬着头皮继续赶路。两人走走停停，到达浓烟弥漫的阿幸厂时，已是第二天的晌午了。

阿幸厂是山谷里的一个厂区，人们住着茅舍，到处都是他们用来炼矿的炉子。一个男人看见徐霞客和顾行的打扮，知道他们是外地人，于是走过去问道："你们来这里做什么？"

徐霞客答道："我们都是赶路的，想前往北

方，只是走了半天，十分饥饿，不知……"

"噢，那就去我家里吃碗粗饭吧！"

男人家里乱糟糟的。徐霞客往里屋瞥了两眼，看得出来，男人孤零零地住在这里。过了一会儿，男人端着饭菜出来了。

"粗茶淡饭，两位边吃边听我讲。"男人见徐霞客举起了筷子，便接着说道，"再往北走，翻过姊妹山，那边就是'野人'的地盘。他们时常过来骚扰我们，虽然只有四五十个人，但是都带着毒箭！中了毒箭的，没有一个能活下来！"

男人说到一半便哽咽起来，眼眶也红了。徐霞客急忙问他："老兄为何这样伤心？"

"哎，我的妻儿，他们……他们就是死在了毒箭之下啊！"男人掩面痛哭。

徐霞客与顾行鼻子一酸，急忙放下筷子，想上前安慰。男人擦掉眼泪，摆摆手道："不妨！让你们笑话了，我说这些，也是想劝你们回去，不要往北边走啦！"

徐霞客叹了口气，难过地说："老兄请放心，我们要是再往北走，那真是对不起你的一片苦心了！"

原典精选

其门南临绝壑，上夹重崖，有二木球倒悬其前。仰睇之，其上垂藤，自崖端悬空下丈余，即结为瘿①，如瓠匏②之缀于蔓者。瘿之端，缀旁芽细枝，上迎雨露，茸茁夭矫③，花叶不一状，亦有结细子圆缀枝间者，即山僧亦不能名之，但曰寄生，或曰木胆而已。

注释

①瘿（yǐng）：植物受病菌、昆虫、叶螨等寄生后形成的囊状赘生物。②瓠匏（hù páo）：葫芦。③茸茁：草木初生时纤细柔嫩的样子。夭矫：木枝屈曲。

峡口南临深谷，上方夹着重重悬崖，有两个木球倒悬在前方。仰面斜视木球，那上边垂下藤蔓，从悬崖顶端悬空而下一丈多，就结而为瘿，如同葫芦连缀在藤蔓上。瘿的顶端，连缀着侧芽细枝，向上迎着雨露，叶片纤柔，枝条屈曲，花和叶子的形状不一致，也有结细小籽实环绕连缀在枝条间的，即便是山中的和尚也不能说出它的名字，只是称作寄生，或称作木胆而已。

热水塘→东山

徐霞客与顾行离开阿幸厂,走了几十里,进入一个峡谷。

清冽的小溪从山间流下来,自东向西穿过峡谷。小溪两旁有许多大大小小的泉眼,泉水冒着热气从中涌出来,跃起两三寸高,落地后又交汇在一起,与那条冰凉的小溪并列前行。徐霞客伸手往一个泉眼中探了探,泉水温温的。他又换了一个泉眼,可手指还没碰到水面,就被热气烫得缩了回去。他没想到,两个泉眼挨得这么近,温度却相差如此之大。

两人顺着小溪走到下游,只见几个当地人坐在一个用石头围成的池子里,一边泡澡一边聊天。徐霞客隔着蒸汽,看到他们那泡得发红的皮肤,还有额头上大颗大颗的汗珠,便有些怕烫,只好蹲在池中的石头上,捧出热水轻轻地擦拭身体。

次日,主仆二人离开热水塘,翻过雅乌山,来到另一个山谷。东江顺着山谷蜿蜒流淌,山谷西边,一座座尖峰向东突起,而东边的大山连绵不断,如同屏障般耸立在高空之下。徐霞客放眼四顾,忽然看见层层山崖之上有个奇特的山洞,他想去看一看,却没找到上山的路。想来想去,最终让顾行放下行李在路边休息,自己竟放开手脚,抬头往山崖上攀。

山崖极为陡峭,徐霞客才爬半里,崖体就由石壁转为泥层,再也无法承受他手掌的抓握,更经不起他双脚的踩踏了。他急忙抬眼扫视，寻找新的着力点。好在崖壁上的草木渐渐多了起来，他伸出鹰爪般的大手，牢牢地抓住草根往上爬。爬了一会儿，手掌开始感觉到草根一丝丝脱离岩缝所传出来的微微震动，不由得头皮一紧，急忙松手抠住一块岩石。

"当心！"悬崖下面，顾行一声大吼，徐霞客被吓出一头冷汗。他上也不是，下也不是，只能绷住双腿，握紧岩石，牢牢地贴在崖壁上，不敢移动半寸。过了很久，他的手脚快要使不出力气了。眼看着就要坠下悬崖，说时迟，那时快，他伸出左侧手脚，悬空移过去，正好踩住一块石头，手指也有了着落，随即又伸出右侧手脚，移动到左侧手脚先前所在的位置。他费了好大一番气力，很久之后，终于侥幸地爬到了悬崖上面。

徐霞客感觉自己就像重生了一样。他松了口气，对着悬崖下方喊道："老顾，我到啦！"

"太好了，老爷！那你怎样下来啊？"

"走一步看一步，天无绝人之路！先不管了，我进洞看看再说！"

腾冲温泉

徐霞客在日记中所提到的热水塘温泉，其实都属于火山温泉。腾冲位于亚欧大陆板块和印度板块交接的地方，地壳活动频繁，地震多，火山也多，因此拥有丰富的地热资源，是我国三大地热区之一，素有"一泓热海"和"中国温泉之都"的美称。腾冲温泉以热海温泉为代表，在这片9平方公里的区域内，温泉群多达80余处，其中有10个温泉群的水温达90℃以上。

尾声

崇祯十二年（1639）八月二十二日，徐霞客在游历了永昌府之后，再次回到了鸡足山。他年过半百，由于长途跋涉患上足疾，又因久游瘴疠之地而"头面四肢俱发疹块"，"时时有蠕动状"，身体大不如前。好在鸡足山上的僧人朋友对他照顾有加，让他在注满药汤的浴池中沐浴养病，使他身体状况有了好转。可是没过多久，常年跟随他的家仆顾行忽然卷走他的许多财物，偷偷离开了鸡足山，这让他很受打击，连日郁郁寡欢，直到另一件事完全转移了他的注意力，那就是应丽江府土官木增之邀，编修《鸡足山志》。他从九月中旬开始动笔，于次年正月完成，与此同时，他的病情也加重了，"两足俱废"，不能行走。最后，木增派人用滑竿护送他踏上了返回江阴的路途，后改乘船，历时150天，结束了他的这次"万里遐征"。

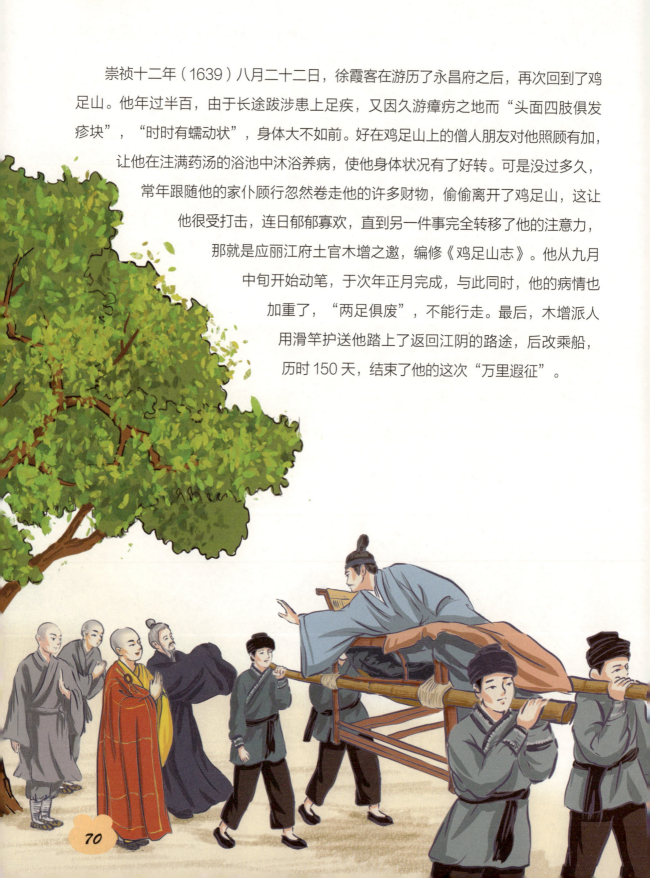

再上鸡足山

"哎呀，霞客先生，您终于回来啦！"

"啊，纯白师父，别来无恙！"

鸡足山上，悉檀寺里，再次出现了徐霞客的身影，纯白法师热切地迎了上去。

"年初与先生一别，至今已有半年多啦！不知先生都去了哪些地方？"

"大理府及其各州县自是不必说了，后来还去了永昌府和蒙化府，在腾越游览时，差一点儿就出关了。"

"阿弥陀佛，先生勇力，令人敬佩！可惜弘辨师叔去了罗川，过几日才能回来，不然见到先生一定很高兴！先生旅途劳顿，请先去北楼歇息，客房仍是先生住过的那间。"

"好，好，那就不劳师父带路了。"徐霞客对纯白行了礼，轻车熟路地去客房歇了下来。

几日以后，弘辨归来，见了徐霞客，欣喜不已，与徐霞客整整聊了一夜。次日又让寺里备下一池热水，请徐霞客前去沐浴。徐霞客急忙推辞道："实不相瞒，腾越、永昌一行，使我饱受瘴气侵染，身上长满了疹块，十分痛苦。若与几位长老共浴，恐怕疹毒会传染啊！"

"哎呀，你何不早说呢！我这就让人去寻药，届时将药包放入池中，煎成药汤，你泡个三五次就会痊愈啦！"

又过了几天，正值弘辨生日，徐霞客前去祝贺，弘辨大喜，谢了徐霞客，然后说道："今早有药送过来了，我急忙送到浴池，让他们加紧煎煮。应该差不多了，我们一同去看看吧！"

两人走到浴房，药汤已经煎好了。徐霞客脱了衣服，下到浴池里泡了许久，出了一头汗，果然舒服多了。

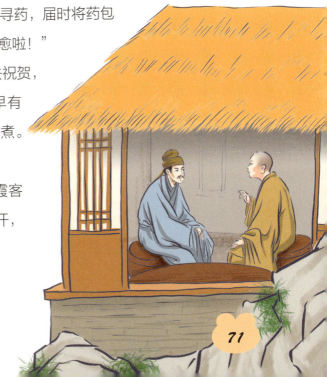

"逃兵"顾行

重阳节到了，徐霞客正与僧人和光还有顾行在鸡足山狮子林一带赏秋，忽然听到竹林里有人叫他。上前一看，原来是兰宗法师。

几人各自行了礼，徐霞客对兰宗说道："方才还去了您的禅室，见您不在，我就离开了。"

兰宗拉住徐霞客的手臂，高兴地说："先生既然来了，就在我的禅室住一晚吧！"

徐霞客答道："多谢法师美意，只是在下今晚打算住在莘野楼，只好改日再去搅扰您了。"

"不巧莘野东游去了，沈公今天也不在，先生就不要推辞啦，请跟贫僧走吧！"

"哈哈，好，恭敬不如从命！"众人正要挪步，和光说道："师叔、先生慢走，我这就告辞啦，让老顾也跟我一起下去吧，师叔禅室被褥有限，我担心老顾晚上会着凉。"

兰宗点了点头，说道："也好，也好。"

徐霞客取下一串钥匙，挑出其中一把，对顾行说："老顾，这是房间钥匙，几个箱子的钥匙也给你了，省得我取下来。"

于是和光与顾行下山，徐霞客与兰宗又游了半日方回。

次日清晨，徐霞客辞了兰宗，返回悉檀寺。下山途中，远远看见一个和尚慌慌张张地跑上来。那和尚见了徐霞客，隔着许多台阶便喊道："先生，不好了！弘辨长老看见您的仆人背着包袱往大理的方向去了，和光师父又说您并未让他下山，长老便怀疑他要逃跑，因此让我前来报信。"

"老顾竟然做出这种事情！"徐霞客又急又气，赶到悉檀寺的客房后，打开箱子一看，钱财全都不见了。

弘辨对他说："我让两个僧人火速去追！"

徐霞客叹了口气，摇摇头道："算了，算了，追上了也没办法强迫他回来，那些钱财就当是我送给他的路费了。只是主仆相伴三年，他这个时候抛弃了我，怎能让我不伤心啊！"

鸡足山上的修志者

这一天，僧人妙行对徐霞客说："霞客先生，华严寺有位老禅师野池，是月轮大和尚的弟子。今日你我一同去拜访他，如何？"

"哦？原来月轮大师后继有人！以前我不知道，还为此叹息呢！"

"从前禅师一直在闭门坐禅，他的徒弟们也都外出了，因此未能引见。"

"如此甚好，我们这就去华严寺吧！"

二人来到华严寺，见到了野池。野池是鸡足山上很有名望的僧人，七十多岁了仍在孜孜不倦地研读经书。野池听妙行介绍了徐霞客，又看了徐霞客的日记，欣喜不已，说道："原来先生有编修《鸡足山志》的打算啊，若能做成此事，实在是一件大功德啊！"

徐霞客答道："鸡足山首次修志，事关重大。在下只是一介游民，本不该越俎代庖，更恐力有不逮，然而丽江府木增大人曾当面将此事托付于我，今年二月又写信给我，再次提起此事。盛情难却，在下便应承下来了。"

野池道："先生谦虚了，老衲拜读先生的《鸡足山游记》，深知先生对山川走势、各处景致、寺院沿革都了如指掌，修志一事，非先生莫属！老衲曾抄过一部《清凉通传》，现在借给先生，或许对修志有所助益。"

徐霞客道了谢，双手接过《清凉通传》，又与野池聊了许多，将近傍晚才和妙行回去。

几天之后，徐霞客开始了《鸡足山志》的编纂工作，从此全身心投入其中，就连写日记都无暇顾及了。

天涯归客

崇祯十三年（1640）正月，徐霞客完成了《鸡足山志》，此时，他的双脚已残废了。

弘辨来看望他，徐霞客悲痛地说："我曾说过，'吾荷一锸（chā）耒（lěi），何处不可埋吾骨耶！'如今我双足俱废……就像将士一样，如若不是战死沙场，病死他乡岂非憾事！"

"哎，也是，你的亲人还在江阴等你回去，我想留也留不住啊……"弘辨说了一半，流下泪来，过了一会儿，又接着道，"前番你已致信木公，木公得到消息，一定会派人来送你的。在这之前，你就安心养病吧！需要什么，你随时跟我说。"

几天过后，木增果然派了几个脚夫，抬着一顶滑竿上山来了。

山上众僧以及沈公等人为徐霞客备好了行李，对那几个脚夫千叮万嘱，又握着徐霞客的手久久不放，十分不舍。及至上路，弘辨、兰宗、妙行、沈公等人仍跟随其后，送了很远。

一路上，徐霞客仍然不忘游山赏水，脚夫也不敢违了木增命令，只好顺着徐霞客的意愿，抬着他各处游览。他往南再次参观了清华洞；往东经过昆明，受到沐府沐天波的礼遇；又去了蜀地，探寻了金沙江与岷江交汇的地方，完成了《溯江纪源》的考察，得出"推江源者，必当以金沙为首"的结论，纠正了千百年来以岷山为长江发源地的错误成见。

几个月后，在黄冈县令侯鼎铉的帮助下，徐霞客取道长江，乘船数日，终于在同年六月回到了故乡江阴。

次年（1641）正月，徐霞客带着些许遗憾与世长辞，结束了自己波澜壮阔的一生。

中国古代科技史上的里程碑式巨著

让孩子真正了解古代科技伟大成就

精品图书推荐

孩子看得懂的天工开物（共四册）

- 冶铸造兵器
- 传统手工艺
- 穿衣和出行
- 吃喝有学问

大眼蛙童书 编绘

书　　号：9787122399311
定　　价：118.00元
开　　本：16开
出版时间：2022年3月

精美手绘大图
权威专家审定

孩子看得懂的 徐霞客游记

游江南山水

大眼蛙童书 编绘

化学工业出版社
·北京·

图书在版编目（CIP）数据

孩子看得懂的徐霞客游记．游江南山水／大眼蛙童书编绘．—北京：化学工业出版社，2023.9
ISBN 978-7-122-43753-2

Ⅰ．①孩… Ⅱ．①大… Ⅲ．①《徐霞客游记》-少儿读物 Ⅳ．① K928.9-49

中国国家版本馆 CIP 数据核字（2023）第 120268 号

责任编辑：周天闻	插图绘制：袁微溪
责任校对：李露洁	装帧设计：尹琳琳

出版发行：化学工业出版社（北京市东城区青年湖南街 13 号　邮政编码 100011）
印　　装：北京宝隆世纪印刷有限公司
787mm×1092mm　1/16　总印张 17½　字数 290 千字　2024 年 1 月北京第 1 版第 1 次印刷

购书咨询：010-64518888　　　　　　　　售后服务：010-64518899
网　　址：http://www.cip.com.cn
凡购买本书，如有缺损质量问题，本社销售中心负责调换。

定　　价：128.00 元（共四册）　　　　　　　　　　　版权所有　违者必究

前言

明万历四十一年三月三十日(1613年5月19日),徐霞客满心欢喜地自宁海县出发,前往天台山,正式开启了他的旅行生涯。他不会料到,398年后,这个日子会被定为"中国旅游日";他大概也不会料到,自己的《游天台山日记》竟被选入高中语文教科书,成为全国高中生必读的篇目——这一点说来有趣,因为徐霞客是一个没怎么参加过科举考试的人。

徐霞客自幼年开始便博览群书,在知识的熏陶下,他对禁锢思想的八股文和日益弊坏的朝政有了清晰的认知,因而很早就采取厌弃的态度,不走仕宦之途,而确立起与众不同的志愿——"穷九州内外,探奇测幽"。在30多年的时间里,他北抵山西,南涉广东,近游江浙,远至云南腾冲,足迹遍布大江南北,且边走边写,为我们留下了一部旷世之作——《徐霞客游记》。

这部书不厌其烦且又精准无比地记录了徐霞客所走过的每一里路,转过的每一个弯;也以斐然的文采描画了沿途的每一帧风景和每一段故事;更以超前的思维描述了许多在后世得到证实的科学现象与科学原理。在提倡"读万卷书,行万里路"的新时代,对于这样一部融人文精神、科学精神与实践精神于一体的巨作,我们有什么理由不去好好读一读它呢?

  然而，这洋洋洒洒60多万字的巨作，对于学业繁重的中小学生来说，确实是一座难以翻越的大山。基于此，我们从原作之中精心挑选部分篇章作为素材，以更具故事性的写法将它们呈现出来，并配以丰富的知识链接与精美的大幅插图，提升内容的实用性与可读性。值得一提的是，我们在每章的开始加入了一张手绘徐霞客旅行路线示意图，上面标注了徐霞客游览的主要地点，希望能让小读者对徐霞客走过的名山大川印象更加深刻。在分册上，我们以游览的时间和目的地所在地域作为主要划分标准，尽可能呈现多样性，共分为《游江南山水》《访北方名山》《探危岩溶洞》和《寻西南奇境》四个分册。

  翻开这套书，相信小读者一定会被徐霞客的求知精神和冒险精神所打动，也会在有趣的故事和丰富的知识中收获人生的哲理。

  由于编者水平有限，书中会存在一些讹误，敬请读者批评指正！

目　录

朝碧海而暮苍梧
/02

出发，天台山
/10

勇闯雁宕山
/18

风雪白岳山
/28

黄山览胜
/36

武彝寻幽
/46

庐山真面目
/56

仙游记
/66

太和仙境
/74

朝碧海而暮苍梧

徐霞客是谁？他做过哪些事？有什么了不起的贡献？《徐霞客游记》又是怎样一部书呢？下面，让我们来给大家一一解答。

徐霞客是谁？

徐霞客（1587—1641），明末南直隶江阴（今江苏江阴）人。名弘祖，别号霞客，后人多以号来称呼他。徐霞客出身在江南的一户富裕人家，自幼便立志"丈夫当朝碧海而暮苍梧"，决心走遍祖国的大好河山。在30多年的时间里，徐霞客多次出游，历经千辛万苦，克服重重困难，东至普陀，西至西南边陲，考察了中国各地的山川河流、溶洞火山，记录了各地的山川地貌、交通特产、风土人情。他以热情洋溢的心情歌颂祖国的山川胜景，也以探求真知的精神找寻自然界的规律。

徐霞客有很多科学发现是超越前人的，在中国地理学史上具有重要意义。比如，在亲自考察金沙江的基础上，徐霞客明确指出长江的正源是金沙江，纠正了"岷山导江"这一流传千年的说法。再比如，徐霞客对西南地区岩溶地貌的考察、研究和记录，从定名、系统性总结到成因探寻，比欧洲的同类研究早了100多年，在当时具有世界领先水平。

徐霞客是一位杰出的旅行家、地理学家。他的笔记被整理成《徐霞客游记》，成为中国近代地理学的奠基之作，流传至今，让我们得以了解他的非凡成就。

徐霞客做过什么了不起的事情？

作为一位旅行家和地理学家，徐霞客在30多年中累计旅行19年，行遍祖国大好河山，北至京师（今北京），南至南宁，东至普陀，西至腾越（今云南腾冲），足迹遍布当时的十四个省。他先后专程考察了天台山、雁宕山（今雁荡山）、白岳山、黄山、庐山、武彝山（今武夷山）、五台山、恒山、嵩山、武功山、太和山（今武当山）、衡山、九疑山、华山、丹霞山、鸡足山、点苍山等名山，共计1000余座；考察了金华双龙洞、茶陵麻叶洞、桂林水月洞、庆远（今广西宜州）深井岩、融县（今广西融水）真仙岩等岩洞和溶洞，共计500多个；考察了天台山石梁、雁宕山大小龙湫、九鲤湖九漈、庐山三叠瀑、贵州白水河瀑布、腾冲跌水河瀑布等瀑布；考察了长江、盘江等水系源头……其中，为了弥补缺漏，有的地方（如天台山、雁宕山等）还多次到达。

特别值得一提的是，在崇祯九年（1636），年届五十的徐霞客决心再次踏上征途，开始他人生中最为壮阔的"万里遐征"。这次西南之行历时4年，行程万里。在当时，西南的石屏、腾越等地处于边陲，风俗与内地迥异，交通更加不便。徐霞客主要依靠步行，一路跋山涉水，不辞辛劳。徐霞客此行曾三遇盗窃，多次断粮。特别是他在湘江遇到强盗，几乎财物尽失。但他毫不退缩，坚持自己的旅行、考察计划。他曾用"何处不可埋吾骨耶"的话来表达自己的心志，最终达成心愿。

正因为徐霞客远超常人的毅力和卓越的成就，而被称为"千古奇人"。

徐霞客为什么能专职旅行，且走遍全国？

徐霞客的一世祖徐锢曾为北宋时开封府尹，金兵南侵时，随宋高宗南迁。南宋末年，徐霞客的五世祖举家迁至江阴。九世祖徐麒曾师从文学家宋濂，后以平民的身份应明太祖朱元璋诏，出使西蜀，功成返京。徐麒不愿为官，获赏土地数十万顷，以一品朝服荣归故里。此后，徐家家境更加优渥，主人可以专心攻读经书，致力科考。可惜从他的太祖至祖父，徐家几代人在科举考试中屡试不第。高祖徐经更是因和唐寅一同进京会试，被诬告舞弊而革除功名，黯然回乡。这些科举的沉痛经历，从一定意义上影响了徐家，让徐霞客的父母更宽容地面对他的人生选择。

徐家家境富足，富有藏书，使他自幼就能博览山经图志，早年"蓄五岳志"；更使得他不必担心自己的生计和出游花费，可以从容离家出游，"问奇于名山大川"。在徐霞客三十岁时，母亲王孺人更是支持徐霞客摆脱科举羁绊，四处远游。徐霞客常在每年的春、夏、秋三季出游，秋冬天冷的时候，在家拜望长辈，并把这当作常例。每当徐霞客远行归来，都要把自己的所见所闻说给母亲听，让母亲感到欣慰。在母亲去世后，徐霞客守丧期满，此后加快了出游的频率，前往福建、北京、浙江、山西等地。在年届五十之时，徐霞客开始了人生最浩大的一次远行。在明朝，五十岁已是接近衰老的年龄，本该享受子孙相伴、颐养天年的生活。徐霞客多年游历，在家乡颇有名望。自己的长子、次子都已成婚，生计无忧，本可以安然享受晚年。但徐霞客决心去探寻在当时仍属蛮夷之地的西南地区，一路充满未知和危险。最终他用时4年，完成了这一壮举，指出了长江正源，这让我们不得不对他表示由衷的钦佩。

徐霞客是"孤独的旅行者"吗?

在早期的出游中,徐霞客大多是选择一些江苏及周边的短途路线。除了偶尔帮助他的向导以及当地的僧人、道士之外,途中常有长辈、族人相伴。比如,游天台山时,就有族兄徐仲昭相伴;游白岳山和黄山时,有叔公相伴;游庐山时,有堂兄徐雷门、徐白夫相伴。只是,这些同行者对游山玩水尽管有兴趣,却不如徐霞客那样考察得细致,有些难以到达的地方或有危险的地方,他们就主动放弃了。因此,很多险绝之地,都是徐霞客独自前往的。

在他最壮阔的西南之行途中,有家仆顾行相随。其中,僧人静闻和他们同行了一年的时间。只是,西南之行路途艰难,让人疲惫不堪,顾行和静闻相继生病。静闻更是在行至广西南宁时,因病去世。在到达西行的最偏远之地——腾越州之后,徐霞客主仆回到鸡足山。此时,徐霞客已经连路都走不了了。一路相随的家仆顾行见状,不堪忍受而逃走了。最终,是丽江土官木增派人护送徐霞客乘坐滑竿东返,到了湖北黄冈,在县令侯鼎铉的帮助下,徐霞客取道长江,乘船数日,终于回到了故乡江阴。可以说,徐霞客是一位意志坚定、勇于探索的"孤勇者"。

徐霞客的旅行和其他人有什么不一样？

在古代，有不少官员、商人、僧人也会旅游，登山临水，调养身心，但这些活动大多是业余活动，不是专门为之。时间也不长，多为十天半月。作为旅游成果，也会有或长或短的诗文记录所见所闻。

相比之下，徐霞客的旅行则与前人不同，他既不为了政务出行，也不为了商务而周游，更不为了求取经书，传播佛法。徐霞客是旅行家，凡所游之处，他一定会详察山形地貌，"燃松拾穗，走笔为记"（钱谦益《徐霞客传》）。他专注于旅行和地理考察，时间更是成年累月。他在旅行中追求身临其境，哪怕是再危险的地方，也尽可能亲身前往，并将所见所闻用详细的文字记录下来，让读者更有收获。

和如今的旅游大不相同，在明末，由于受到经济发展状况、人员流动和交通等限制，徐霞客的旅行会面对诸多困难和危险。他不刻意整束行装，不包裹食物，仅带一根拐杖，一个包袱。常常要忍饥挨饿，甚至会几天吃不上饭。很多时候能遇到什么食物就吃什么食物，徐霞客从不挑拣。有时，为了便于考察，徐霞客甚至优先选择徒步方式，而非骑马或乘船。对住宿更是不讲究，小旅店、寺庙、军营，只要能住下就行。这样就使得他能在旅途中看到很多其他人所忽视的细节，有更深刻、更全面的收获和感悟。

《徐霞客游记》是怎样一本书？

《徐霞客游记》是徐霞客在旅行、考察途中记录的笔记。在每天行走、考察之余，徐霞客坚持把所见所闻——记下，有时是利用白天的时间间隙，更多是在晚上住下后，不顾疲惫，持之以恒地记录。从而能让这些真实和鲜活的材料被及时记录下来。

由于完成西南之行回到江阴后不足一年，徐霞客就去世了，所以徐霞客生前未及将日记整理成定本。他在病中将整理的重任托付给了季孟良。季孟良既是徐家的家庭教师，也是徐霞客的好友，被徐霞客所信任。在编辑整理过程中，由于江阴屡遭兵火，《游记》有很多失散了。此后，季孟良等人继续整理，最终在徐霞客去世130多年后，《徐霞客游记》得以面世。今存《游记》主要是游豫皖、江浙、闽粤、湖广、黔滇、川陕之作。尽管不少内容已经缺失了，但保留下来的部分仍有60余万字，成为我们了解徐霞客所见所闻和研究成果的宝贵资料。

如今《徐霞客游记》以其博大精深，被称为"中国古代地学百科全书"，成为中国地理学的一部巨著。

《徐霞客游记》有哪些价值？

根据地理学家褚绍唐先生等专家的观点，《徐霞客游记》主要包括三方面的价值。

第一，《游记》是一部地理学巨著。书中记录了徐霞客对岩溶地貌的考察、滇西地貌和其他地貌现象的考察、水系的考察以及对气候和植物资源的考察的详细内容，具有极高的科学价值。

第二，《游记》也是当时社会动态的真实写照。书中记录了各地特产和交通状况、城镇聚落和地名考证、民情风俗和社会动态，对我们了解明代边疆少数民族地区的民族生活和社会生活颇有帮助。

第三，《游记》更是旅游文学的杰出作品。徐霞客游记内容多姿多彩，叙事质朴，写景栩栩如生，表现出很强的观察力和典雅的文笔，开创了旅游文学的新风格。比如，在描写雁宕山玉女峰时，说其"顶有春花，宛然插髻"；在描写庐山景物时，说其"奔涧鸣雷，松竹荫映，山峡中奥寂境也"。这些文字，让读者有了身临其境的感觉，可以帮小读者培养热爱祖国传统文学的习惯。

小朋友可以从徐霞客身上学到什么？

徐霞客身上充分彰显出了中华传统文化的魅力，表现出很多优良的品质，让300多年后的我们，可以受益良多。

第一，重情重义。在远行西南过程中，一开始有江阴迎福寺的僧人静闻同行。静闻内心虔诚，想把自己写的《法华经》送到云南鸡足山供奉。途中，他们翻山越岭，行路乘船，一起克服了很多困难。静闻却不幸在南宁崇善寺病逝。为了完成静闻的遗愿，徐霞客专门取回静闻的遗骨，然后将经卷和静闻遗骨千里迢迢带到鸡足山，把经

卷献给了寺庙，并把遗骨埋在了山上。这样就了却了静闻的夙愿。高官黄道周和徐霞客是患难之交。在听说黄道周因皇帝下诏而入狱后，此时很多人对黄道周避之不及，甚至有人落井下石，可徐霞客却让自己的儿子专程前去打听、探望，三个月后才返回。徐霞客听闻黄道周的状况，忧叹不已，"不食而卒"。从这两件事，我们不难感受到徐霞客重情重义的高尚人品。

第二，忧国忧民。徐霞客同情弱者，关心国事，一路上时刻心怀忧国忧民情怀。当他来到边陲的叛乱频发的州县，不禁为当地官员生活腐败、百姓生活艰难所感叹。尽管徐霞客只是一名普通的读书人，但他仍希望百姓能过上安宁、祥和的生活，为当地的贪官污吏的作为深表愤慨。

第三，宽和善良。徐霞客的西南之行，有家仆顾行相随。在鸡足山时，徐霞客已不能行走，顾行却借机偷走了徐霞客的财物逃走，让徐霞客受到了物质和精神的双重打击。作为顾行的主人，徐霞客有权力追究、处罚他。顾行刚逃走时，就有人将这件事告知徐霞客，并打算追赶，但徐霞客念及旧情，没有让人追赶，也没有报案，此后更没有追究此事。这体现了徐霞客宽和善良的品质。

出发，天台山

时间
明万历四十一年（1613）三月三十日至四月初八日

地点
明属台州府（今浙江省临海市）

主要人物
徐霞客、莲舟和尚、云峰和尚

出处
《徐霞客游记·游天台山日记》

明万历四十一年（1613）三月的最后一天，27岁的徐霞客骑着马儿，从宁海（今浙江省宁海县）出发，在有猛虎出没的梁隍山住了一晚，次日来到天台（tāi）县境，开启了他的天台山之旅。他登华顶峰，在石梁飞瀑前乐而忘返；又游明岩、寒岩、鸣玉涧，为之倾倒。他眺双阙、登赤城，造访了天台山上大大小小的寺庙。他兴致勃勃，有时走马观花，有时驻足流连，在不到十天的时间里，便游完了天台山上几乎所有的景点。

梁隍山 → 筋竹庵 → 弥陀庵

徐霞客带着两名家仆,与莲舟和尚从宁海出发,走了三十里(长度单位,明代一里约合570米),来到了梁隍山。

"几位客人,山上有於菟(wū tú)!"一名当地人拦住他们。

徐霞客说:"既然这样,那还是歇一晚再走吧!"

"也好,也好!"莲舟和尚应和道。

四人在山下歇了一宿,第二天清晨继续赶路。他们走过一个个山麓,爬过一个个山脊,天台山越来越近,山路也越来越难走了。好在刚刚下过一场春雨,天气放晴了,泉水丰沛起来,汩(gǔ)汩流淌,杜鹃花掩映在树丛中,一会儿红,一会儿绿,使他们完全忘记了旅途的劳顿。

途经筋竹庵的时候,徐霞客认识了一同吃饭的云峰和尚。云峰和尚很热情,他对徐霞客说:"几位长途跋涉,行李甚重。施主不如让这两位小哥挑着行李先走一步,跟小僧去国清寺暂住。"

> **谈虎色变**
>
> 为什么徐霞客听说梁隍山上有於菟,便害怕了呢?原来,"於菟"是当地人对老虎的称呼。有个成语叫"谈虎色变",用来形容此时的徐霞客再合适不过了。
>
> 在北宋著名理学家程颢、程颐兄弟二人合著的《二程全书》中有一个故事。有个曾被老虎伤过的农夫,听人说起邻村出现了老虎,并伤害了许多人时,脸都吓青了,而听到这个消息的其他人,并没有感到十分紧张。后人便根据这个故事概括出成语"谈虎色变",用来比喻一提到某事就十分害怕。

徐霞客连忙道谢，让两名家仆跟着云峰和尚走了。

徐霞客和莲舟边走边看，不知不觉就走了三十余里路，来到了弥陀庵。弥陀庵四周都是高高的山岭，却看不见一棵大树，听见的尽是泉水轰鸣，山风呼啸。徐霞客一打听，才知道当地人为了避免老虎在附近出没，不得不烧光了山上的草木。

"这里是荒凉了些，却也是个吃饭住宿的好地方！"莲舟和尚说。

徐霞客点头道："说得是啊，起码不用担心半夜被老虎叼走了，哈哈哈！"

天封寺→华顶峰→石梁

"霞客，霞客，好消息，好消息！"天封寺的寮（liáo）房内，莲舟和尚兴奋不已，摇醒了正在熟睡的徐霞客。

"上人，这么晚了，什么消息？"徐霞客半梦半醒，含含糊糊地问了一句。

"外面好多星星！"

"星星！"咚！徐霞客猛然从床上弹了起来，趿着鞋子冲出寮房，抬头一看，果然满天都是星星。"太好了，夜里满天星，明天大天晴！天公作美，我们明天可以顺利登顶了！"

徐霞客在外面站了良久，直到山间的露气让他感觉到一阵寒意，这才回到寮房躺了下来。

第二天，天气果然好极了！徐霞客和莲舟一大早就起了床，他们决定一口气爬上华顶峰。沿途的华顶庵和太白堂都没有什么看头，但山顶真是别有一番景致！春天都快结束了，这里还是寒风凛冽，遍地银霜，没有姹紫嫣红的鲜花，倒是有满山满树的霜花！

"'人间四月芳菲尽，山寺桃花始盛开。'白居易的这两句诗，和眼下这番景象是一个道理啊！"徐霞客感叹道。

莲舟点点头，说道："正是，正是，苏东坡也说了，'高处不胜寒'嘛！"

"听你这么一说，还真的有些冷了！我们不如下山，到了上方广寺，就能看到大名鼎鼎的石梁了！"

二人加快脚步，不多时便见到了石梁。石梁果然不同凡响！它横跨在金溪之上，就像一座天生的石桥。溪水穿过桥洞，飞流直下，形成了一道气势非凡的瀑布。石梁飞瀑太美了！徐霞客下午看了，傍晚又看，第二天早上起来还要看。他在昙花亭看，在下方广寺看，过仙筏桥的时候也要看，痴迷得都不想回去睡觉了！

国清寺→明岩→寒岩→双阙

到了国清寺,徐霞客见到了云峰和尚。两个人就像故友重逢,愉快地聊了一番。

第二天,徐霞客根据云峰为他规划的游玩路线,去了明岩和寒岩。

从国清寺到明岩有五十多里路。最后几里很难走,因为有一条湍急的溪流挡住了去路。徐霞客放眼四顾,没有竹筏,更没有船家,只好让家仆背着他下了水,没走几步,溪水便没过了膝盖。

"少爷真是的,非要来这鸟不拉屎的地方!"家仆心里暗暗抱怨。

一步……两步……三步……家仆小心翼翼地蹚着水,生怕滑倒。用了近两个小时,他们终于上岸了,又走了三里,来到了明岩。此地峭壁林立,怪石嶙峋。又有几个岩洞堪称奇绝,或深达数丈(长度单位,明代测量土地时,一丈约合3.2米),能容几百人;或口窄腹大,入之豁然开朗。

第二天,来到寒岩。比起明岩,寒岩的洞穴更大更多。其中有一个岩洞宽八十步,深百余步,洞内平整明朗,阔可跑马。

"寒、明两岩果然名不虚传!怪不得寒山和拾得两位唐代高僧要隐居在明岩啊!"徐霞客不禁赞叹起来。

离开寒岩后,徐霞客等人途经桃源、坪(píng)头潭等地,又饱览了景色优美的鸣玉涧,漫游了仙

气十足的琼台,最后登上了高耸入云的双阙。暮色降临,徐霞客心中有些怅惘,莲舟和尚看出了他的心事,便道:"明天就要离开天台山啦!"

"是啊……不过,我有预感,总有一天我还会回来的……"

原典精选

还饭僧舍,觅筏渡一溪。循①溪行山下,一带峭壁巉(chán)崖②,草木盘垂其上,内多海棠、紫荆,映荫溪色,香风来处,玉兰芳草,处处不绝。已至一山嘴,石壁直竖洞底,洞深流驶,旁无余地。壁上凿孔以行,孔中仅容半趾③,逼身而过,神魄为动。

注释

①循:沿着。②巉崖:陡峭的山崖。③趾:脚。

译文

返回僧舍吃饭,然后找到竹筏渡过了一条溪流。顺着溪流行至山下,附近都是陡峭的山崖,草木盘绕悬垂在峭壁之上,其中有很多海棠、紫荆,树荫映照,小溪增色,香风拂来的地方,玉兰芳草,处处不绝。不久后来到一处山嘴,石壁笔直竖立在洞底,山洞幽深,水流湍急,两旁没有空余的地方。石壁上凿有孔洞以便通行,孔中只能容下半只脚,身子贴着岩壁走过去,神魄都为之震动。

勇闯雁宕山

时间
明万历四十一年（1613）四月十一日至十五日

| 地点 |
明属温州府（今浙江省温州市）

| 主要人物 |
徐霞客、莲舟和尚、清隐和尚等

| 出处 |
《徐霞客游记·游雁宕山日记》

雁宕（dàng）山，也就是今天的雁荡山，简称雁山。明万历四十一年四月，徐霞客在游完天台山后，从黄岩进入雁荡山，连续三日先后游览了著名的"雁山三绝"，即灵峰、灵岩和大龙湫飞瀑。第四天，为了寻找雁湖，他冒着生命危险，穿插在利如刀刃、高可攀天的峭壁上，将自己和一名家仆的性命，赌在了四条用来攀岩的裹脚布上面……

盘山岭→章家楼→石梁洞

"当地人说得没错：'盘山盘半日'。这盘山岭终于爬完啦！"两名家仆一边议论，一边抹去额头上的汗珠。而他们的主人徐霞客正望着雁宕山的群峰，激动万分。

莲舟和尚也感叹起来："阿弥陀佛！群峰真如莲花一般，直插云霄！"

一名家仆听了，偷笑起来。他对另一名家仆说："少爷跟这和尚都是痴人，一个不说话，一个说梦话！要我看啊，这群山就像一盘粽子！"

"叽咕……"两名家仆的肚子不约而同地响了一下。该吃饭了。

四人走了二十里，才在大荆驿吃上饭。他们涉过一条小溪，望见西峰上面点缀着圆圆的石头。一名家仆说："就像两个行脚僧。"

徐霞客说："应该是老僧岩，再走几里路就能看清楚啦！"

果然，四人到了章家楼，便看清了老僧岩的真面目。只见它高约一百尺（长度单位，明代一尺约合0.32米），仿佛一名老僧披着袈裟站立在山峰上，旁边还跟着个弯腰的小和尚。

莲舟和尚开起了家仆的玩笑："你们两个毕竟是吃饱了,这回看石头不像馒头,也不像粽子了。"两个家仆打了个哈哈,心想:这和尚的耳朵也忒好了!

过了章家楼,不远便是石梁洞。看过天台山的石梁飞瀑,再看这里,实在没有什么特别的。四人没有过多逗留,便继续赶路,越过谢公岭,渡过一条山涧,走上了通往灵峰的路。

此芙蓉非彼芙蓉

在《徐霞客游记·游雁宕山日记》中,徐霞客用"芙蓉插天"来形容远望之下的雁宕山群峰如簇,高耸入云。这里所说的"芙蓉"便是荷花的别称。荷花花瓣挺立,一头儿较尖,簇拥莲蓬而生,比较贴近雁荡群峰的特征。屈原的《离骚》中有"制芰(jì)荷以为衣兮,集芙蓉以为裳"的句子,其中"芰荷"指菱叶与荷叶,"芙蓉"即荷花。而在今天,多数人所说的"芙蓉"指木芙蓉,是一种锦葵科的植物,原产于我国湖南。

合掌峰→灵峰寺→灵峰洞

灵峰不愧是雁宕一绝！自从踏上通往灵峰的路，景色就越来越奇绝了。

徐霞客一行人刚刚转入山侧，便见两面悬崖壁立，横亘于天际，四周山峰杂乱重叠。徐霞客一一指点起来。

"那些山峰就像快刀削出来的，真是鬼斧神工！"

"那些又像聚在一起的花丛，好不热闹！"

"那些似竹笋并立，那些又如灵芝般挺拔！"

"还有像毛笔一样竖直的，还有些歪歪斜斜，就像……"

这时，一阵山风迎面拂过，徐霞客身后的一名家仆插了句嘴："就像少爷飘起来的头巾！"

"你小子，有长进！"另一名家仆拍了拍他的肩膀，徐霞客也笑了起来。

莲舟和尚说："早就听说这灵峰和倚天峰相合如掌，故有'合掌峰'之称，今日一见，果然名不虚传！"

四人说着说着，就到了灵峰寺。灵峰寺坐落于灵峰前，寺侧有一缝隙，沿着其中的台阶继续走，便到了灵峰洞。洞内十分空阔，深处有宽敞的圆形平台，平台上面有许多罗汉雕像，引人入胜。四人在洞中观赏良久，直到暮色降临才回到灵峰寺。

灵岩寺→屏霞嶂→龙鼻洞→天聪洞→小龙湫

"这灵岩寺被一座座绝壁围在当中,真像一个另外开辟出来的新世界!"徐霞客环顾四周,啧啧称奇。

绕过灵岩寺,背后便是屏霞嶂。屏霞嶂就像一座巨大的紫色屏风,在这雁宕山中独树一帜,四周的景物都围绕它铺展开来。

屏霞嶂的南端,右边与天柱峰隔着龙鼻洞。洞中的石头全是黄紫色的,唯有裂口处有一条石纹呈红青色,从洞顶垂下来,酷似龙爪。"龙爪"下端形似龙鼻,上面有一个小孔,水就从孔中冒出来。

徐霞客点了点头,赞道:"真乃嶂右第一奇景!"

左边便是展旗峰。展旗峰上有个天聪洞,洞内又有两个圆孔,阳光从孔中照进来,别有一番境界。

莲舟和尚说:"如果要评选嶂左第一奇景,天聪洞当之无愧啊!"

屏霞嶂西南面有独秀峰、卓笔峰,两峰南面的山坳间,小龙湫瀑布飞泻而下,下游流经天柱峰、展旗峰,在灵岩寺的山门前潺潺歌唱。而隔着小龙湫与独秀峰相对的,便是玉女峰。看着峰顶上怒放的春花,徐霞客感到心旷神怡。

"雁山碑窟"龙鼻洞

龙鼻洞是历代文人墨客的"打卡胜地",洞中现存有八十多处摩崖石刻,形式多样,因而有"雁山碑窟"之称。这些题刻中,最久远的可以追溯到唐代,由一个名叫"包举"的人所留;而最有名的题刻则是北宋科学家沈括留下的,内容很简单,只有"沈括"二字。不过,沈括在考察了雁荡山之后,写下了《雁荡山》一文,收录在《梦溪笔谈》之中。

云静庵→无名山峰

徐霞客在板嶂岩、剪刀峰、观音岩、马鞍岭、连云峰、大龙湫等景点玩了一天，夜晚在云静庵里歇了下来，打算次日去探寻雁湖。庵里的清隐和尚告诉他："雁湖荒芜多年，野草丛生，恐怕施主会白费工夫啊！"

"您说这些我都不怕，怕只怕明天天气不好啊……"

徐霞客枕着风声雨声睡着了，次日醒来，竟是一个晴天。在他的再三请求下，清隐的徒弟终于答应给他带路。

几人各自握着拐杖穿梭在草丛中，一步一喘地走了几里，才登上一座高峰。只见四面白云弥漫，一座座山峰穿过云层探出头来，仿佛一个个海中仙岛。不过，这里离目的地还隔着好几座山峰，而清隐的徒弟也要离开了。徐霞客领着莲舟与两名家仆越过了两座山峰，莲舟筋疲力尽，便原路返回了。剩下三人继续前行，向东翻过两座高岭，又攀过几座势如刀剑的险峰，来到一个悬崖上面。前方再无去处，而回顾来时之路，满目皆是倒竖的岩石，人走在上面如踩刀背，实在不想再走一遍！徐霞客犹豫半晌，突然对两名家仆说："把你们的裹脚布脱下来吧！"家仆感到不妙，但又不敢说什么，只好照做。

徐霞客把四条裹脚布系成一条，绑在悬崖边的大树上，和一名家仆抓紧布条爬了下去。到了下面，发现地方只够容得下脚，而再往下更是百丈深的峭壁。徐霞客只好抓住布条往上爬，可没爬几步，就听见"刺啦"一声，布条被凸出来的岩石弄断了。徐霞客和家仆都吓出了一身冷汗，还好站住了脚。徐霞客接上布条，竭尽全力挽住它腾跃而上，好不容易才脱离险境。

主仆三人拖着疲惫的身躯回到云静庵时，衣服、鞋子都已经破得不像样子了。徐霞客叹了口气，说道："莫非我真与雁湖无缘吗？"

清隐和尚笑了笑，淡淡地说了句："缘随心至，施主念念不忘，来日必有福报。"

原 典 精 选

历级北上雁湖顶,道不甚峻。直上二里,向山渐伏,海屿来前。愈上,海辄①逼足下。又上四里,遂逾山脊。山自东北最高处迤逦西来,播为四支,皆易石而土。四支之脊,隐隐隆起,其夹处汇而成洼者三,每洼中复有脊,南北横贯,中分为两,总计之,不止六洼矣。洼中积水成芜,青青弥望,所称雁湖也。而水之分堕于南者,或自石门,或出凌云之梅雨②,或为宝冠③之飞瀑;其北堕者,则宕阴④诸水也,皆与大龙湫风马牛无及云。

注释

①辄:就。②凌云:凌云寺。梅雨:梅雨潭。③宝冠:宝冠寺。④阴:山阴,指山的北侧。

译文

沿着石阶路向北攀登雁湖顶,路不是很险峻。一直登了二里,来时的山峰渐渐低伏下去,海中的岛屿来到眼前。越往上走,大海就越是逼近脚下。又往上攀登四里,便越过了山脊。雁宕山从东北方的最高处向西曲折连绵而来,分散为四条支脉,都是从石山变为土山。四条支脉的山脊隐隐地隆起,支脉相夹之处汇合为三处洼地,每处洼地中又有山脊,横贯南北,从中间将洼地一分为二,总共算起来,不止有六块洼地。洼地中的积水里杂草丛生,满眼都是青青的颜色,这就是所谓的雁湖了。而湖水分流向南下泄的,有的从石门流出去,有的从凌云寺的梅雨潭流出去,有的化作宝冠寺飞流的瀑布;湖水向北下泄的,就是雁宕山北面的诸条溪流,都与大龙湫风马牛不相及。

风雪白岳山

时间
明万历四十四年（1616）正月二十六日至二月初一日

地点
明属徽州府（今安徽省歙（shè）县、休宁等县）

主要人物
徐霞客、徐霞客的叔公、道士汪伯化

出处
《徐霞客游记·游白岳山日记》

明万历四十四年（1616），刚过完年没多久，外面天寒地冻，正是围炉煮雪的时候。徐霞客却坐不住了，他拉着浔阳的叔公来到徽州府，冒着风雪登上了白岳山（今称齐云山）。虽说这段旅程屡次受阻于雪，但也颇有情趣，飞霰入林，冰花玉树，云山雾岭……短短几日，徐霞客就看遍了冬日白岳山的种种奇景。

南渡桥→榔梅庵→太素宫

"叔公,此地人常说'白岳山东起南渡'。过了这座桥,马上就进入白岳山了,白岳山……"

"好了,霞客,雪越下越紧了,我们得快些走,有话晚上再说!"叔公打断了徐霞客的话,往下按了按头上的斗笠,拉着徐霞客加快了脚步。

走了十几里,已经是傍晚了。徐霞客和叔公在一座小庙里借来灯笼,踩着冰雪继续赶路,他们得在夜深之前找到一个可以借宿的地方。天色越来越暗,灯笼便愈加显亮,仿佛将天上的光线都拢了进来。树丛之中冰凌落地,发出铮铮脆响。天门之外瀑声如雷,珠帘飞落。对于这些,都看不清楚,也来不及欣赏了。

好不容易到了榔梅庵,天上开始下起小冰粒,嗞嗞啦啦,怪好听的。到了夜深,又飘起了淅沥沥的小雨,徐霞客独自一人躺在山房中,听着屋檐滴水的声音,久久不能入睡。

第二天，徐霞客和叔公去了太素宫。沿途有看不尽的冰花玉树，赏不完的积雪浮云。太素宫坐南朝北，庭院中有一块石碑，是明世宗亲自下旨制作的。大殿里供奉的是玄武大帝，面色黧（lí）黑，相传曾有百鸟衔来泥土，塑成了这座神像。

出了太素宫，便和香炉峰打了个照面。香炉峰形如铜钟，拔地几十丈，气势凌人。叔公激动得连连叫好，徐霞客哈哈笑道："叔公啊，比起天台山和雁宕山，这可算不得奇异啊！"

两座齐云山

白岳山位于安徽省休宁县，又叫齐云山，与湖北十堰的武当山、江西鹰潭的龙虎山以及四川都江堰的青城山合称"道教四大名山"。唐宋时期，许多道士在这里修行隐居。到了明代，嘉靖皇帝朱厚熜又下旨扩建山中的真武祠，并将之改名为玄天太素宫。而清代乾隆皇帝更是将齐云山赞为"天下无双胜地，江南第一名山"。

而在湘赣边界的江西省崇义县境内，还有一座齐云山，是赣南第一高峰，也是江西十大名山之一。据说，天气晴朗时，站在齐云山的山顶上能看到湘、赣、粤三省的景色。此外，齐云山盛产南酸枣，当地人用南酸枣制成的南酸枣糕、南酸枣粒酸甜味美，闻名全国。

石崖→罗汉洞→天门→文昌阁

徐霞客和叔公回到榔梅庵，顺着前一天夜晚来时的路往下走，来到一个三面封闭的石崖上。徐霞客赞叹道："这里就跟檐廊一样，三面封闭，只留一面观景，妙哉，妙哉！"

石崖深处有罗汉洞，洞口很开阔，洞内却很低矮，绵延十五里，东南方可通到南渡。石崖的尽头是天门。天门外，楠木参天，古松盘曲。不远处又有珠帘水飞洒而下，喷银吐玉，称得上白岳山第一奇景！

傍晚在榔梅庵吃了饭，徐霞客与道士汪伯化约好次日早晨一同前去五井和石桥岩。

天还没亮，徐霞客就被外面的声音吵醒了。原来山上下起了大雪，厚厚的积雪封住了山谷里的道路。

"看来今天的计划泡汤了……"徐霞客有些失望，但也无可奈何，只好勉强睡了。

上午十点左右，徐霞客和汪伯化穿上木头鞋，走到了文

文昌阁

文昌阁主要供奉传说中的文昌帝君，是一种传统阁楼式建筑，遍布我国的大江南北。"文昌"最初指文昌星，古人认为它掌管着人间的文运和官运。后来，人们将文昌星神格化，与四川梓潼县的张亚子联系起来，便有了文昌帝君这个神祇，又称梓潼帝君。渐渐地，文昌阁在全国各地兴建起来，而文昌帝君也成了古时许多读书人争相祭拜的尊神。

昌阁。虽然没去成五井，但站在文昌阁外，仰视着白雪覆盖的五老峰，别有一番意境。

汪伯化抚了抚胡子，对徐霞客说："这五位老者今日添了满头白发，真是老态毕现啊！"

"道长所言极是！若干年后如能像他们一样，有人白首相依，也是人生的一大幸事啊！"当徐霞客说出这些话的时候，一片雪花正好飘进了他的眼眶里，瞬间便融化了。

原 典 精 选

返榔梅，循夜来路，下天梯。则石崖三面为围，上覆下嵌①，绝似行廊。循崖而行，泉飞落其外，为珠帘水。嵌之深处，为罗汉洞，外开内伏②，深且十五里，东南通南渡。崖尽处为天门。崖石中空，人出入其间，高爽飞突，正如闾阖③。门外乔楠④中峙，蟠青⑤丛翠。门内石崖一带，珠帘飞洒，奇为第一。

①嵌：凹陷。②伏：低矮。③闾阖（chāng hé）：神话传说中的天门。④乔楠：高大的楠木。⑤蟠青：盘曲的青松。

返回榔梅庵，顺着夜间来时的路走下天梯。石崖三面被（山石）包围，上方被覆盖着，下方向内凹进去，极像穿行于檐廊之中。沿着石崖前行，泉水飞落其外，形成珠帘水。含嵌在石崖深处的，是罗汉洞，洞口开阔而洞中低矮，深处将近十五里，东南方可以通到南渡。石崖的尽头是天门。崖石中间是空的，人出入其间，感到高亢明亮，飞空突立，正像传说中的天门。天门外，高大的楠木耸立其中，盘曲的青松茂盛苍翠。天门内的石崖一带，珠帘水飞洒而下，可以称得上第一奇景。

舍身崖→石桥岩→棋盘石→龙井→漆树园

正月二十九日,晴转大雪,异常寒冷。徐霞客哪儿都没去,在榔梅庵待了一天。正月三十日,又是大雪,他和叔公、汪伯化去了舍身崖上面的睇元阁围炉煮酒,坐观雪景。一根根冰凌从睇元阁的屋檐上垂下来,大的竟然有一丈长。

二月一日,好天气随着新的月份到来了。徐霞客和汪伯化出了门,叔公却因为脚被冻裂而留在了榔梅庵。

徐霞客和汪伯化有时沿溪而行,看山石倒映;有时穿林越岭,心情随山势开合而起伏。走了二十多里,到了石桥岩,只见右侧横过一座大山,下面是空的,好像半轮月亮,上面是一座天生的石桥。

"好啊,好啊!这座石桥浑然天成,远远胜过了山石拼凑的天台石梁!如此奇景,可惜叔公没来!"徐霞客兴奋不已。

二人在石桥附近游玩一番。吃过午饭,又走了几里路,登上一条山脊,见到了棋盘石。棋盘石矗立在山顶,形如一朵巨大的蘑菇,最粗的地方需要好几个人合抱。越

过几重山岭，徐霞客和汪伯化见到了许多深深的水潭，大的像深潭，小的如研钵。汪伯化说："这些就是龙井了，只是不知道哪些是五龙井，哪些是九龙井。"

兜兜转转一下午，天色将晚，徐霞客和汪伯化选了一条回去的小路，进入了溪流纵横的漆树园。斜阳透过林隙映在水面上，又返照回来。二人就这样穿梭在树荫与夕照之间，明明是黄昏，心中却感到迎来了破晓。

黄山览胜

时间
明万历四十四年（1616）二月初三日至十一日
地点
徽州府（今安徽省黄山市）
人物
徐霞客、徐霞客的叔公、挥印和尚、智空和尚等
出处
《徐霞客游记·游黄山日记》

　　离开白岳山后，徐霞客马不停蹄地来到黄山，在热气腾腾的汤泉中洗去了一身的疲惫。尔后九天，亲历天都、光明、炼丹等诸峰之险，遍览扰龙松、仙人榜等木石之奇，又赏白龙、青龙二潭之胜……他胆大心细，既敢以身涉险，又能详察气象之变，细究流水之源。当徐霞客这位"天下第一旅人"遇上黄山这座"天下第一奇山"，注定要留下不朽的传奇。

汤口→祥符寺→汤泉→白龙潭→丹井→莲花庵

徐霞客和叔公走到黄山脚下的汤口时，积雪已经没过了脚掌，使他们的双脚几乎要失去知觉了。

"可怜我这脚板，又要冻裂啦！"叔公有些心烦。

徐霞客安慰他："叔公莫怕，山上有个温泉，跳进去泡一泡就好啦！"

"那就好，那就好！我们快走，泡温泉去！"叔公话还没说完，就跑到前面去了。

没走多远，他们果然在祥符寺附近找到了温泉。这个温泉名叫汤泉，又叫朱砂泉，前临溪流，背靠石壁，三面砌有石块。周遭草木苍翠，看不见一片积雪。人走上前去，便被热腾腾的水汽包围了。徐霞客和叔公连拽带扯，一下就脱得光溜溜的，跳进了水里。

"水虽不算很热，但这水汽熏得人只想睡觉！水底的泡泡也冒个不停，碰在身上舒服得很！"叔公泡了一会儿，身上热了，鼻子也通了，又夸道："热气还有股淡淡的清香！"

二人泡得手脚都起皱了，才恋恋不舍地离开汤泉，返回祥符寺。寺里的挥印和尚告诉他们："山上有座莲花庵，佛堂内的钟架、鼓架和香炉都是用古树根做成的，二

温泉是怎样形成的

今天，当我们看到"汤"字时，通常会想到饭桌上面香气腾腾的肉汤、菜汤。但是你知道吗，"汤"字最初是"热水"的意思，因此古人通常将温泉称作"汤泉"，而以温泉为特色的山便可称作"汤山"。古今颇有名气的汤山位于今天的江苏省南京市境内，其中的温泉曾是南朝萧梁时期皇家的御用温泉。那么，温泉是怎样形成的呢？原来，在地球的地壳之下，流动着滚烫的岩浆。当地下水接近这些岩浆时，就会被加热。这些热水沿着地下的裂缝上升，涌出地表，便形成了温泉。

位若有兴趣，贫僧愿意带路。"徐霞客和叔公都很高兴，便跟着挥印和尚去登莲花庵。

他们逆着山涧往高处走。涧水转过三道弯，飞流而下，注入深深的白龙潭里。往上不远，又见一块湿漉漉的大石头稳坐在激流之中，顶部有一个积水的小坑，这就是丹井，相传曾是黄帝炼丹的地方。

三人随着山涧弯弯绕绕走了很远，好不容易来到莲花庵，可佛堂紧闭，庵里的印我和尚出去了。

"惭愧，让两位施主白跑一趟！"挥印和尚低头向徐霞客和叔公行了个礼，表示歉意。

徐霞客急忙说道："大师言重啦！人造之物，不看也罢！有此山川胜景，夫复何求！"

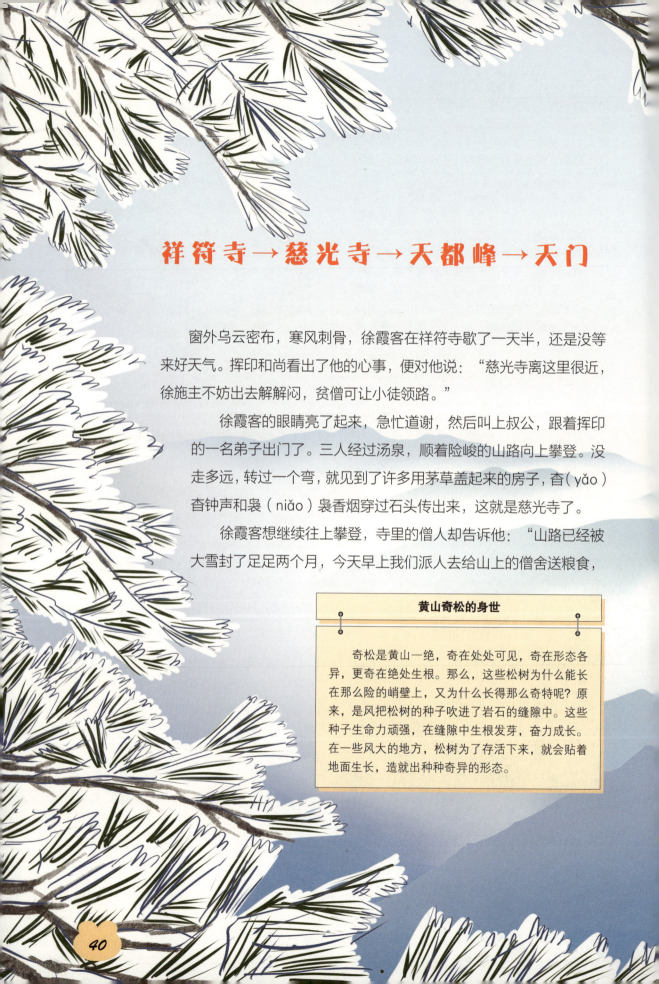

祥符寺→慈光寺→天都峰→天门

窗外乌云密布，寒风刺骨，徐霞客在祥符寺歇了一天半，还是没等来好天气。挥印和尚看出了他的心事，便对他说："慈光寺离这里很近，徐施主不妨出去解解闷，贫僧可让小徒领路。"

徐霞客的眼睛亮了起来，急忙道谢，然后叫上叔公，跟着挥印的一名弟子出门了。三人经过汤泉，顺着险峻的山路向上攀登。没走多远，转过一个弯，就见到了许多用茅草盖起来的房子，杳（yǎo）杳钟声和袅（niǎo）袅香烟穿过石头传出来，这就是慈光寺了。

徐霞客想继续往上攀登，寺里的僧人却告诉他："山路已经被大雪封了足足两个月，今天早上我们派人去给山上的僧舍送粮食，

黄山奇松的身世

奇松是黄山一绝，奇在处处可见，奇在形态各异，更奇在绝处生根。那么，这些松树为什么能长在那么险的峭壁上，又为什么长得那么奇特呢？原来，是风把松树的种子吹进了岩石的缝隙中。这些种子生命力顽强，在缝隙中生根发芽，奋力成长。在一些风大的地方，松树为了存活下来，就会贴着地面生长，造就出种种奇异的形态。

走到半路,积雪齐腰,只好回来了。"徐霞客大失所望,便走大路下了山,回到祥符寺躺了下来。

次日早上,天总算放晴了。徐霞客和叔公找来向导,拄着手杖上山了。三人经过慈光寺,从庙左边往上登,穿过白茸茸的树丛,仰面只见天都峰巍然挺立,四周山峰环绕,各处石阶都被积雪填平,一眼望去如同一块块洁白的玉石。走了几里,上山的石阶越来越陡,背阴处的石阶上,积雪被冻成了厚厚的冰块,又硬又滑。徐霞客独自走在前面,每登一级台阶,就举起手杖,在下一级台阶上面凿出一个坑,用来落脚。叔公和向导小心翼翼地跟在他身后,心中暗暗称赞。

三人上到一片平缓的地方,环视四周,险绝的崖壁上尽是些蟠结悬空的怪松。松石交映之间,一群僧人仿佛从天而降,缓缓地来到眼前。原来,他们被困在山上三个月了,没了粮食,只好冒险下山。徐霞客向他们打听好哪些山路可以走,随即取道去了天门。

天门由两面石壁夹立而成,高达几十丈,中间极其狭窄。徐霞客迎面走过去,竟感觉毛发都竖了起来。他定了定神,仰天赞叹道:"这才叫真正的天门啊!"

平天矼→光明顶→狮子林→石笋矼

"前面就是光明顶啦!"徐霞客站在平天矼(gāng,即石桥)上,望着不远处的一个山头说道。

向导告诉他:"平天矼南面是前海,北面是后海。前海的前方,是天都峰和莲花峰。"

"黄山三大主峰,就剩光明顶没登啦!不过,走了几十里路,肚子实在是有些饿了……"

三人找到一座寺庵,僧人们正坐在庵外的石头上晒太阳。没等徐霞客开口,住持智空和尚就看到了他们的饥色,主动拿出稀粥款待他们。他说:"刚出的太阳过于娇艳,恐怕不会晴得太久。三位可先去登光明顶,中午再回来用饭。"又指着一名僧人对徐霞客说:"这是狮子林的住持霞光师父,三位今夜可在他那里歇脚。"

徐霞客等人与霞光和尚相互行了礼,便向光明顶出发了。登上光明顶,前有天都峰与莲花峰并肩矗立,后有翠微峰、三海门左右环绕。近处有一块大石头,一头儿低伏、

一头儿高耸,独自悬卧于山坞之中,上面还长着一棵怪松,树冠形如盘子。

晌午,三人下到庵里吃完饭,又向北越过一座岭,徘徊在茂密的丛莽中。随后来到了狮子林,霞光和尚正在门口等着他们。见天色还早,徐霞客听从霞光的建议,前往石笋矼。三人顺着山峰往西走了一段,突然出现一个断崖,名叫接引崖,只有一座木桥通向对面。他们举起双手,抓住上方的一棵松树,小心翼翼地过了桥,又爬过一堆乱石,走下山崖,往东行了一里左右,来到石笋矼。

石笋矼的山脊倾斜绵亘,两旁的崖壁高悬在山坞之中,乱石突起,森罗万象。徐霞客又登上石笋矼侧面的一座山峰,那里奇松遍布,怪石嶙峋。站在峰顶,恰好能俯瞰接引崖,一览峰峦回转之态。徐霞客顿足高呼:"真是移步换景,面目一新啊!"

黄山为什么这么奇

黄山山体主要由花岗岩构成。花岗岩质地十分坚硬,是炽热的岩浆冷却后所形成的。在岩浆冷却的过程中,其内部产生了许多裂隙,这些裂隙在地质学中被称作节理。在成千上万年的风化作用下,花岗岩沿着节理断裂、崩落,或被溶解,或被剥蚀,渐渐便形成了众多峭壁奇峰与千姿百态的怪石。

狮子林→仙人榜→青龙潭→炼丹台→百步云梯

　　二月初七，吃过早饭，徐霞客和叔公离开狮子林，经由接引崖，踩着积雪下到一片山坞上。只见前方有一矮峰突起，一棵松树撑破岩石，从裂缝中长出来。好一棵扰龙松！树干不到两尺高，但树冠卷曲盘结，斜拖下来，长达三丈。树根更是上下伸展，几乎与石峰同高。

　　二人玩赏了一段时间，等山上的浓雾散尽了，便登上狮子峰，又经由石笋矼转入一条阴森森的小路。谷壑幽深，积雪茫茫，四面峰峦林立，有高有低，有大有小，有的直立，有的倾斜，穿行俯仰其间，令人油然生出一种恐怖的感觉。

　　走了十几里，山涧旁的道路突然被一片乱石阻断了。徐霞客指着前方山上的一处缺口对叔公说："那山塌了一块，正好掉在这里，挡住了去路。"

　　叔公心头一紧，急忙说道："我们快些爬过去，万一再塌一块，小命就得交代在这儿了！"

　　二人花了很长时间爬过乱石，果然找到了路。徐霞客抬头一看，眼前的这座山峰，顶部有一块黄色的峭壁，形如皇榜。徐霞客告诉叔公："这就是天牌，又叫仙人榜。"

　　再往前走，过了白龙池和松谷庵，沿溪而下，忽觉花香袭人。

　　"这香味……是梅花！古人常言'踏雪寻梅'，今日却是闻香寻梅！"徐霞客拉着叔公加快了脚步。过了一会儿，在两条溪流的汇合处，一树梅花和一潭碧水先后映入眼帘，原来是青龙潭。徐霞客大为震撼，顿觉神清气爽。

　　天色已晚，二人回到松谷庵吃完饭，歇了下来。此后两天，徐霞客几番前往炼丹台，却被大雾、大雨所阻，半途而返，直到二月初十才如愿以偿。

　　二月十一日，徐霞客和叔公战战兢兢地登上了莲花峰的百步云梯。这里的石阶又陡又松动，每跨一步，都有随时要掉下去的感觉。徐霞客打算再去文殊院和莲花洞看看，可是又下起了大雨。叔公怏怏地说："走走走，泡温泉去！雪里来雨里去，我这把老骨头都要冻散架了！"

武彝寻幽

时间
明万历四十四年（1616）二月二十一日至二十三日
地点
明属建宁府（今福建省武夷山市）
主要人物
徐霞客
出处
《徐霞客游记·游武彝山日记》

万历四十四年二月，徐霞客游过黄山之后，又来到武彝山（即今武夷山），开启了第一次福建之旅。他乘船沿着九曲溪逆流而上，先是观赏了第一曲至第六曲沿岸的风景，如赫赫有名的大王峰、玉女峰与天游峰，以及武夷山一带独特的墓葬形式——船棺葬，却因水势湍急而返回五曲，改走陆路，探访了云窝、茶洞、仙掌岩等各处景点。此后两日，他水陆兼顾，时而乘船赏景，时而步行探奇，灵活地往返于第一曲与第九曲之间，尽情享受着山水带来的无穷乐趣。

水帘洞

一曲→二曲→三曲→四曲→五曲→六曲

徐霞客乘船顺着崇阳溪一路南下，三十里后，看见一座山峰斜斜地横在溪边，还有一座山峰独自耸立。他问了船夫，才知道那是幔（màn）亭峰和大王峰。

船夫道："客官坐稳！前面有个弯，拐进去不远就是一曲啦！"

原来，九曲溪自西向东流经武夷山诸峰，盈盈一水，绕山折为九曲，流至万年宫一带，汇入崇阳溪。

船只拐入溪口，便开始逆流而上，不多时便抵达一曲。一曲右边是幔亭峰和大王峰，左边是狮子峰与观音岩。

徐霞客道："方才在崇阳溪顺流而下，沿岸风光，目不暇接。现在船只逆流而上，足够我慢慢观赏啦！"

船夫半开玩笑道："客官是舒服了，可苦了我们这些划船的！你且坐稳，这边水急滩多不好划，我要下去拉船了。"说着便提起纤绳，把纤板挂在肩上，下到水里，

绷直了绳子，吃力地拉起船来。

船至六曲，右有仙掌岩与天游峰，左有晚对峰和响声岩。徐霞客回头望去，石梯和楼阁高悬在大隐屏与天游峰之间，美妙绝伦。再看看两个船夫，湍急的浪花拍击着他们的身体。他们绷紧了肌肉与手中的绳子，钉在水里一动不动。徐霞客觉得这样下去也不是办法，只好对那两个船夫喊道："老哥，拉不动了就带我回五曲吧，我想上岸！"

武夷山的"船棺"

在《徐霞客游记·游武彝山日记》中，徐霞客说到他在途经九曲溪第三曲的时候，看到左岸大藏峰的悬崖上面有几个孔洞，其中杂乱地插着一些木板，一条小船斜着架在木板的末端，被称作"架壑舟"。其实，徐霞客所说的"小船"并不是船，而是那时候武夷山的一种形似船只的葬具，以整木凿成，俗称"船棺""仙船""仙函"等。"船棺"通常被悬空架在危崖绝壁之上，或存放于石缝崖洞之中，皆是人迹所绝的地方。

曹家石→云窝→大隐屏→仙掌岩→天游峰

船只回到五曲，泊在曹家石。徐霞客独自一人上了岸，拨开云雾，顺着云窝的隘口登上一排石阶，但见四面山石环抱，中间有一块空地，再往前走便是茶洞。洞口南面是接笋峰，北面是仙掌岩，仙掌岩的东面是天游峰，天游峰的南面是大隐屏。各座山峰的上部都极其陡峭，而下部又十分凑集，外面没有石阶路，唯独西面有一道缝隙相互连通。

徐霞客从缝隙中登上大隐屏，来到一处绝壁。再往上，便是一排大木头悬架在崖壁之上作为梯子，共有八十一级，一直伸到云彩中，紧接着又是许多石坎绕山而凿。徐霞客抓住铁索，转过山峰往西走，一条山脊夹在两面对峙的石壁间，好像一条垂下的尾骨，上面分布着一级级石阶，尽头有个小亭子依竹而建，四面都是悬崖，这就是大隐屏的峰顶了。

在峰顶稍作逗留，徐霞客沿原路回到茶洞附近，又向北登上仙掌岩。仙掌岩壁立千仞，雄伟而又舒展，石壁上有许多长长的竖痕，像是巨大的手掌上的指痕。这时夕阳西下，余晖映染着山上的青松，投射在曲折的水流上，山光水色，交相辉映。

徐霞客又向南转入一个山谷,远远望见山谷尽头露出了天游峰的峰顶。一座亭子盘踞其上,三面都是直立的绝壁。徐霞客登上天游峰,站在石台上举目四顾,远处半轮落日染红了天际,霞光之下,九曲风光尽收眼底。徐霞客唯一觉得可惜的是,天色有些晚了。

他急急忙忙下了山,回到船上时,夜幕已经降临了。

原典精选

自茶洞仰眺,但见绝壁干霄,泉从侧间泻下,初不知其上有峰可憩。其不临溪而能尽九溪之胜,此峰固应第一也。立台上,望落日半规①,远近峰峦,青紫万状。

注释

①规:原指用来画圆的仪器,此处引申为圆形。

译文

自茶洞仰面眺望,只见绝壁直冲云霄,泉水从侧面的岩石间飞泻而下,当初不知道茶洞上面有山峰可以歇息。天游峰没有临溪却能尽收溪流九曲的美景,当然应是群峰中的第一名了。站立在石台上,远望半轮落日,远近的峰峦,呈现出万千青紫的景象。

仙掌岩→小桃源→三教峰→九曲→幔亭峰

徐霞客从仙掌岩出发，沿着九曲溪右岸走到了七曲附近的小桃源。他自忖（cǔn）道："小桃源……不知与陶潜笔下的桃花源有没有关系。"

没走多远，眼前便出现一道石门，是由悬崖崩落的岩石堆积而成的。徐霞客不禁想起了《桃花源记》里面的句子："山有小口，仿佛若有光。"

他弯腰穿过石门，看见一片四面环山的空地，其中有平坦的水田，还有弯弯曲曲的山涧，都被苍松翠竹围绕着，树丛中不时传来人声与鸡鸣声。于是他又诵道："'有良田、美池、桑竹之属。阡陌交通，鸡犬相闻'，小桃源，也算名副其实了。"

出了石门继续前行，徐霞客又来到三教峰。三座怪石嶙峋的山峰在这里攒聚而立，直插云霄。徐霞客踩着石缝中的石阶往上走，穿过一座亭子，进入一道石门。但见两面石崖对峙，如同两堵高墙夹住一条阴森森的巷道，走在其中，不禁感到毛骨悚然。

徐霞客走马观花，很快就走到了九曲的尽头，在那里见到了一处十分奇特的石岩。石岩上下都是光秃秃的绝壁，中间横着一道又矮又窄的凹槽，要去到另一头，必须通过凹槽绕过去。徐霞客爬到凹槽中，低头含胸地往前走。不久后，凹槽逐渐变低矮，

他也弯下了腰,到了转弯处,便只能完全趴下来匍匐前进了。岩石摩擦着他的前胸后背,而凹槽之外,千丈危崖也让他感到一丝胆寒。爬了很久,他终于通过了这个险要的地方。

徐霞客在九曲一带盘桓良久,然后顺着溪流返回下游,时而乘船,时而步行,走走停停,最终抵达一曲附近的幔亭峰下。他踩着悬在绝壁上的梯子往上爬,要去寻找徐仙岩,结果走到了一条绝路上。

太阳开始落山了,无奈之下,徐霞客只好抓住荆棘与树枝胡乱往下爬,找到路时,已经身在万年宫附近了。

武夷山,一条重要的分界线

武夷山是我国的名山,属于典型的丹霞地貌。它不仅是福建与江西的省界线,也是一条很重要的气候分界线。每到夏季,武夷山就能挡住从海上来的台风和湿暖气流,使西坡的降雨量明显少于东坡的降雨量。而到了冬季,武夷山又能挡住西北方寒流的入侵,从而使福建省的气温整体上高于江西省的气温。

武夷山大红袍

　　武夷山不仅以秀美的风光闻名遐迩，山区所产的武夷岩茶也颇负盛名。而在武夷岩茶中，大红袍又被视为岩茶之王，有着"武夷茶王""茶中状元"的美誉。如今，全世界只剩下六棵大红袍的母树，生长在武夷山九龙窠的崖壁上。不过，早在多年以前，这几株母树就已经停采了。今天我们经常在商店中看到的大红袍其实都属于拼配大红袍，也就是通过特定的工序，将各种岩茶进行调配而制成的一种香气、滋味等各方面都接近母树大红袍的岩茶。

三姑峰→换骨岩→水帘洞→杜辖岩

徐霞客从三姑峰走向换骨岩，上登一里左右，听到另一头传来哗哗的流水声。他俯身寻找声音的源头，原来就在下方不远处的石壁上，泉水被一丛稀疏的竹子掩映着。到了换骨岩，才发现它就是幔亭峰后山的一座石崖。

徐霞客顺着换骨岩后方高悬的梯子登上另一座石崖。这座石崖环绕着山顶，崖壁上用木板搭起了许多房屋，曲直高低，时时随着崖壁的走势而变化。徐霞客穿过石崖的缝隙，快要爬到幔亭峰的峰顶时却无路可走了，只好下到流泉下方。这里的小潭上下都是险绝陡峭的石壁，泉水从上面泻入小潭，又从潭中溢出来，继续往下坠。小潭四周无处不是水，只有一块岩石凸起在中央。徐霞客跳上岩石坐了很久，然后爬下石壁，沿着竹丛间的小路走了七八里，来到水帘洞。

水帘洞一带，石壁又高又陡，上面往前凸，下面往里凹，清泉就从顶上流下来，千条万缕，悬空飞洒，在凹处织成一道宽阔的水帘。水帘里面，一道围栏就像被施了法术一般，护住几座房屋，任它飞泉齐下、水花四溅，也休想越界半步。

这时，一个道士穿过水帘走出来，徐霞客急忙迎上去问道："请问道长，从这里去'睹阁寨'应该怎么走？"

道士回答道："顺着原路往回走，翻过一座山就能到了。"

徐霞客谢了道士便往回走，但走着走着，就被山坞和溪流的美景吸引住了，不知不觉间迷失了方向，绕了许多路才抵达"睹阁寨"。原来，"睹阁寨"是一座高大的石岩，岩下房屋的匾额上题写的竟是"杜辖岩"。

徐霞客笑道："杜辖？睹阁？睹割？也不知道是哪个白字大王念出来的！"

庐山真面目

时间
明万历四十六年（1618）八月十九日至二十三日

地点
明属九江府（今江西省九江市）

主要人物
徐霞客、徐雷门、徐白夫

出处
《徐霞客游记·游庐山日记》

"横看成岭侧成峰，远近高低各不同。不识庐山真面目，只缘身在此山中。"苏轼的这首《题西林壁》我们早就烂熟于胸了，它道出了庐山移步换形、千姿百态的特点，但庐山具体是什么样子的呢？五百多年后，徐霞客来到了这里，他涉过乱石累累的山涧，不小心滑倒，鞋底还被刺穿。他为了探寻奇景，舍大道而取小径；为了登上绝顶，宁可"攀茅拉棘"，留下满手伤痕。他留下了一篇写景与考察并重的《游庐山日记》，这篇日记告诉我们：即使身在庐山，也能看清庐山的真面目。

广济桥→石门→天池寺→白鹿升仙台→竹林寺

"白夫,霞客,过了这座桥,我们就不走官道,改走小路吧,小路风景好。"广济桥上,徐霞客的族兄兼诗人徐雷门这样提议。

"甚好,甚好,正合我意!"徐霞客和徐白夫异口同声。

三人沿着溪流走了几里,山峦渐合,云迷雾锁,只见一个人站在溪口呆呆地望着远方,目光像是能穿透浓雾似的。徐霞客上前问路,那人道:"由此地往东上去,是去天池的大路;向南转登上石门,便是去天池寺的小路。"

徐霞客道了谢,转过来对两位族兄说:"以小弟历年登山的经验来看,通往石门的皆是险径,凶险异常,就请两位兄长往东上大道吧!"说完又转过去请那人带路,那人竟爽快地答应了。

"霞客,你的意思是你要走小路,上石门?"雷门诧异地问道。

"正是!兄长放心,小弟惯走险路,定能毫发无伤!我们兄弟三人就在天池寺会面吧!"

与两位兄长分开后,徐霞客随向导渡过两条小溪,又在一片雾气氤氲的树林中穿行了五里,仰面看见浓雾中有两座石崖矗立,这就是石门了。穿过石门,又是两峰对峙,道路就在石峰的缺口中蜿蜒而去。俯仰之间,群峰从涧底拔地而起,争雄竞秀,直逼天际。石门之下,瀑布当空翻腾,喷珠吐玉,水声如雷,响彻整个山谷。徐霞客一阵狂喜,感觉全身充满了力量。

二人爬藤攀梯,穿过两重石门,翻过一座山岭,终于来到了大路上。顺着石阶路没走多久,浓雾之中忽然浮出一座大殿——天池寺到了。

兄弟三人会合后便出了寺庙,去了文殊台、大林寺,又在白鹿升仙台见到了朱元璋御制的《周颠仙庙碑》。

"相传周颠亦僧亦道,屡屡有恩于我太祖皇帝。当年太祖皇帝躲避陈友谅的追杀,被周颠藏在庐山竹林寺里,逃过一劫。后来天下太平,太祖派人去竹林寺寻访周颠,那寺庙竟杳无踪迹,只剩下一块刻着'竹林寺'的石壁……"

徐雷门越讲越出神。

"亦真亦幻,妙,妙!正好竹林寺离此不远,二位兄长,请!"

文殊台→石门→仰天坪→慧灯僧舍

徐氏兄弟三人站在文殊台上，正兴致盎然地品评山川。

"伟哉鄱阳湖！浩浩渺渺，远接长江，近连庐山数十里山麓！"

"你们看，那座山峰是铁船峰吧？依我看，它更像一只仙鞋，不如叫它'飞舄（xì）峰'！"

"好名字！不过东坡先生有言在先，'横看成岭侧成峰'，换个角度，也许它就更像一艘铁船了。"

"霞客此言甚是！与你同行，受教良多！白夫，我有个提议，自今日起，我们便和霞客走一样的路吧，不要怕什么山高路险。"

"那我就舍命陪君子了！"

"好！小弟正想重走石门之路。两位兄长，请！"

兄弟三人在狭窄的山路上鱼贯而行，你拉我扯，好不容易才到达石门。徐雷门和徐白夫累得双腿发软，而徐霞客毕竟是登山行家，大气都没喘一口。三人稍作休息，随后在神龙宫转了一圈，又抵天池寺下，择一岔道，升降于层叠的山峰与幽深的溪涧

之间，路过金竹坪、莲花峰和仰天坪，前往汉阳峰。途中遇见一个和尚，对他们说："天色不早了，汉阳峰上又无投宿之处，三位可去慧灯大师的僧舍借宿一晚，明日再登不迟。"

三人按照和尚所说的路径走了许久，果然在一片竹林中找到了那座僧舍。僧舍外有几个衣着齐整的和尚，见到徐霞客一行人，便上前行礼。兄弟三人回了礼，问道："敢问哪位是慧灯大师？"

"我等也是仰慕慧灯大师，远道而来的。大师正在僧舍里面磨豆腐，三位进去便是。"

兄弟三人走进僧舍，只见一个刘海儿齐额、衣衫破旧的和尚赤着双脚，正在挑水磨豆腐。徐霞客暗暗赞叹："真乃高人也！"急忙上前行礼。

慧灯和尚停下脚步，微微欠身道："贫僧每半个月磨一次豆腐，三位今日来得正巧。"说完便转过身，继续磨他的豆腐了。

汉阳峰→五老峰→方广寺→三叠泉

"嘘……"徐霞客深深地呼了口气,举起袖子擦了擦额头上的汗水,同时感到手掌和手背传来一阵阵疼痛。

"哎哟,我的这双手啊!雷门,都怪你出的好主意!跟着霞客走这种鬼路,脚累也就罢了,还抓着白茅和荆棘往上爬,这不是自残吗!哎哟,真痛!"徐白夫看着自己伤痕累累的双手,嘟嘟囔囔地抱怨起来。

"消消气嘛!既来之,则安之!不到汉阳峰,怎知庐山高如许?"徐雷门忍着疼痛,劝慰白夫。

"是啊!白夫兄,你看,站在峰顶,群山历历在目,无不低眉颔首。此刻向南可俯瞰鄱阳湖,向东可远眺湖口县境,向西则可遥望建昌县境,视野是何等开阔!"

徐白夫不愿抬头,但他低着头,却也无意间瞥见了鄱阳湖。

"果真浩浩荡荡,水天一色!"徐白夫不禁喊了出来,烦恼顿时也烟消云散了。

在汉阳峰逗留良久,兄弟三人才顺着原路下了山,走了很远,来到了五老峰。

徐霞客道:"此处完美地诠释了'远近高低各不同'!我第一次远望五老峰时,这五座山峰相互遮挡、叠合,我便觉得峰顶平坦,无甚可观。现在见到了五老峰的南面,才知道它们的最佳面目!真是各有千秋!"

兄弟三人游遍了五老峰,本想在五老峰的方广寺中歇歇脚,却被寺中的知觉和尚拉着去了三叠泉。只见一道湍急的瀑布从山顶飞泻下来,在一处悬崖上短暂地放慢了速度,紧接着又垂直跌落到下一处悬崖,重复相同的动作,最终倾泻在绿水潭中,激起一朵又一朵水花。

徐霞客站在三叠泉的下方,久久不愿离开。知觉和尚提醒他:"天色不早,我们再转一转,就该回去啦!"

徐霞客却点点头,回答道:"确实还早,我们再多转一转吧!"

知觉和尚摸了摸光溜溜的脑袋,一时竟无言以对。

楞伽院→三峡涧→开先寺→文殊台→黄石岩

徐霞客和他的两位族兄走出楞伽院的侧门,远远望见一座高山上有瀑布飞落,阳光在瀑布的水气中照出了一圈青紫色的彩环。

"怪不得李白说'日照香炉生紫烟',这就是'紫烟'啊!"徐霞客就像发现了什么不得了的秘密,激动得手舞足蹈。

接着,三人走了六里路,来到了三峡桥。这座拱桥高悬在两

边的岩石上,桥下是回旋奔流的三峡涧,涧水轰鸣,响彻山谷。

　　天气很好,三人兴致高昂,走起路来也轻松多了。他们很快就翻过几道山岭,看过白鹤观、白鹿洞和万松寺后,抵达开先寺。他们从寺庙的大殿后面登上一座小楼,眺望远处的瀑布,就像一段白色的丝绸从山顶垂下来。群峰之中,只有双剑峰傲然耸立,而那座被李白夸上了天的香炉峰在它的面前也只能算是一个圆圆的小山丘了。三人从小楼侧边下到谷壑中,一条山涧叮叮咚咚地流过岩石,汇入一个水潭里。徐霞客走近水潭,潭水清冽可鉴,水光映照在他的脸上,使他感觉此刻看到的不是水底,而是自己的心。他选中一块石头,兀自坐下来,有时候看看水,有时候看看天,直到水天都融进暮色之中,才恋恋不舍地回了开先寺。

　　一夜过去,又是一个晴天,兄弟三人早早地出了寺庙,涉过山涧,绕过山岭,隔着一座山峰,便看见马尾泉与三叠泉遥相呼应,并排悬挂在天际。走了五里,他们爬上一座孤峰,来到了文殊台。文殊台对面有一石崖,壁立千仞,瀑布自崖顶轰然下泻,跌进底下的山涧中。若非来到文殊台,怎么也看不到这条瀑布的全景。

　　三人下了文殊台,走过一段路,在黄石岩停了下来。这里的岩石飞空前突,平坦得就像一块磨刀石。石岩一侧有几竿修竹,依偎在一座用茅草盖顶的楼阁旁,轻轻摇曳着,与山花和霜叶相映成趣。徐霞客走进阁楼里,路过一扇窗户的时候,忽然察觉到眼角闪过一点儿亮光,他转头一看,原来那竟是鄱阳湖的一点儿波光……

原 典 精 选

　　里许,至三峡涧。涧石夹立成峡,怒流冲激而来,为峡所束,回奔倒涌,轰振山谷。桥悬两崖石上,俯瞰深峡中,迸珠戛玉。

注释

迸珠戛(jiá)玉:形容水花像珍珠一样飞迸,水声清脆得就像玉佩相击。迸,飞溅。戛,打击。

译文

走了一里左右,到达三峡涧。涧旁的岩石夹成峡谷,奔涌的水流猛烈撞击而来,被山峡所约束,快速逆流而回,轰鸣声震彻山谷。一座桥悬在两边的岩石上,俯瞰着深深的峡谷之中,水花如珍珠飞迸,水声如玉佩相击。

仙游记

时间
明泰昌元年（1620）五月初六日至六月初九日

地点
明属衢州府（今浙江省江山市），
明属兴化府（今福建省仙游县）

主要人物
徐霞客、徐芳若、徐霞客的家仆

出处
《徐霞客游记·游九鲤湖日记》

　　泰昌元年（1620），徐霞客刚刚过完端午节，就带着一名家仆，与族叔芳若离开江阴，去了邻省的江山县（即今浙江省江山市）。在这里，他被江郎山"特出众山之上，自为变幻，而各尽其奇也"的特点所吸引，将其与雁宕山的灵峰、黄山的石笋矼相提并论。随后，他又一路南下，于次月上旬到达福建省仙游县，花了两天的时间细细游览了境内的名胜九鲤湖。九鲤湖一带瀑布众多，最有名的便是"九漈（jì，福建、江西一带方言称瀑布为漈）"，也就是九处瀑布的合称，它们有的以险著称，有的以秀见长，变化多端，引人遐思。

江山县→江郎山

这天早上,徐霞客来到族叔徐芳若的家里,与他商议出游的事情。徐芳若一见到徐霞客,就率先开了口:"弘祖啊,你想好要去哪里了吗?"

徐霞客回答道:"小侄的志向,在于游览四川的峨眉山、广西的桂林,以及恒山、太华山等名山,至于罗浮山、衡山倒排在其次了,最后才是浙江的五泄与福建的九漈。只是如今母亲年迈,我不能远行,因此广西、四川先不考虑,而潇湘一带日后顺路即可到达,无须专程前往。路程近些的,我看从江郎山到九漈再合适不过!"

徐芳若听了,拍手喜道:"好,那就说定了,我们一同去九漈!"

徐霞客又道:"端午节后一天出发,如何?再过些日子,正是福建枫亭荔枝开始成熟的时节。"

"甚好!"徐芳若随即赞同道。

日子一天天过去,端午节的次日,徐霞客辞别母亲,带着一名家仆,与徐芳若早早上路了。自江阴县至江山县,耗时半月有余,沿途无甚奇景,自不必说。到了江山县的青湖,山势逐渐合拢,东面大多是挺拔的险峰,而西面的山峦却低伏着。抬头远望东面

大山的尽头，一座山峰异常高耸，直插云霄，有飞空之势。找人一打听，原来那就是江郎山。

徐霞客一行人望着江郎山赶过去，道路有时左转、有时右转，江郎山也随之变换着样貌，忽而裂成两座山，忽而裂成三座山，忽而又被笔直地劈成两半。等他们逼近山麓时，它又变得上尖下敛，虽然连在一起，但又仿佛即将断开的样子。

徐霞客感叹起来："真是移步换景啊！雁宕山的灵峰和黄山的石笋矼虽然森然耸立，壮丽非常，但都是身在群峰之中，相比之下，反而看不出有什么奇特。只有这江郎山超然挺拔，一步一景，从前我真是太小看它啦！"

江郎山

江郎山位于浙江省衢州市江山市石门镇境内，由郎峰、亚峰、灵峰三座石峰自北向南排列而成，因此也被称作"三爿（pán）石"。郎峰是江郎山的最高峰，海拔816米，距离地面369米，平均坡度为88度，高耸入云，十分陡峭。在古代，由于山上没有开凿道路，因此无人可攀。三座石峰之间有大弄、小弄供人进出，皆是又高又窄的通道，故而有"中国一线天之最"的美誉。江郎山是我国典型的丹霞地貌景观，在2010年，它曾与广东丹霞山、湖南崀山、福建泰宁、江西龙虎山、贵州赤水一起，作为"中国丹霞"提名地被列入《世界自然遗产名录》。

莆田→雷轰漈→九仙祠→珠帘泉

三人离开江山县后，一路南下，抵达兴化府莆田县时，已是六月上旬了。他们在莆田城里逛了一天，次日出了西门，走了几十里路，来到九漈下游苣（jǔ）溪附近的一座山下。

一条石阶路弯弯曲曲通往北边的山岭，此时烈日炎炎，山间空无一人，万籁俱寂。三人不知不觉间迷了路，不知要往哪里走。徐霞客道："我料九鲤湖的水流经九漈往下流，只要继续攀登，必能遇上奇景。"

徐芳若与仆人只得跟着徐霞客继续往上走。过了一会儿，道路渐渐闭塞起来，上方似乎深远得

没有尽头。徐芳若和仆人都有些担心，觉得一定是走错路了。可仆人碍于身份，不便开口。徐芳若则怕丢了面子，也没有吭声。

三人又往上走了几里，果然登上了山顶，可是环顾四周，才发现绝顶还在西边，比脚下的山头高出一倍。他们只好继续顺着曲曲折折的山路往前走，几里后，竟然来到一片平坦的田野上，仿佛武陵人误入了桃花源。

他们稍做歇息，然后往南走过通仙桥，越过小山岭往下走，便到了九漈的第一漈雷轰漈附近。山涧水从巨大的蓬莱石旁边流出来，顺着平坦的岩石漫流下泻，仿佛为河床铺上了一层绉（zhòu）纱。继续往下走，便看见水底的岩石上面有许多圆圆的凹坑。一个当地人告诉他们，这些叫灶，也叫研臼（jiù）、酒樽，或称水井，都是九仙的遗迹。三人又走了几步，眼前的河床忽然下垂，平缓的水流也随之飞坠而下，以雷霆万钧之势落入九鲤湖中，这就是雷轰漈的奇观了。

雷轰漈的西边屹立着九仙祠，前临澄碧的九鲤湖。

三人沿着湖岸前行，很快经由第二漈瀑布漈，来到第三漈珠帘泉。徐霞客见叔父已是疲惫不堪了，便道："叔父，我们回去找个地方歇下来，劳神费力的事就留到明天来做吧！"

徐芳若大喜，急忙应道："如此甚好，如此甚好！"

瀑布漈→珠帘泉→玉箸漈→石门漈→将军岩

清晨,徐霞客一行人出了九仙祠,再次走到瀑布漈。水流到这里,被两面的岩石所扼制,变成咆哮的巨浪,愤怒地冲过这狭窄的隘口,飞坠到深深的峡谷中。面对如此壮观的景象,三人不约而同地起了一身鸡皮疙瘩。

随后,他们穿过瀑布漈一侧的石崖上了一座山岭,又顺着山岭下到峡谷中,仰头只见石壁上突下凹,湖水一分为二从上面泻下来,一条化作来势汹汹的珠帘泉,一条化作飘飘忽忽的玉箸漈,并排悬挂,双双注入碧潭中。徐芳若急着要走出峡谷,便带着仆人先去了峡口等待。徐霞客不慌不忙,独自在水潭边的岩石上坐了下来,隔着瀑布的水雾,看旭日在石崖顶端形成一片光晕,与水光潭影交相辉映。过了很久,他才依依不舍地挪动步子,沿着山涧继续往下走。

没走多远,三人来到了第五漈石门漈。两侧的石崖在这里凑拢,只剩下一条缝隙,上面遮天蔽日,下面激流汹涌,只听得见响亮的水声与凄惨的鸟叫声——再也没有比这里还要幽寂的山谷了。

徐霞客与仆人将徐芳若护在中间,沿着石缝往上走。一阵阴风飞下来,钻进他们的袖口,冻得他们瑟瑟发抖。徐芳若感觉自己再也走不出这山谷了。

片刻之后,山势逐渐开阔起来,纷乱的溪流环绕在石峰之下,有的涌入峡谷,有的形成碧绿的深潭。自第六漈五星漈至第九漈将军岩,徐霞客都是匆匆掠过。徐芳若有些不好意思,便对徐霞客说:"弘祖啊,你想停就停,想看就看,不用这样照顾我的。"

徐霞客道:"叔父多虑啦!山山水水皆有乐趣,又岂在此山彼山呢?即使过了第九漈,前面也还会有新的风景啊!"

原典精选

盖水乘峡展,既得自恣,其旁崩崖颓石,斜插为岩,横架为室,层叠成楼,屈曲成洞;悬则瀑,环则流,潴①则泉;皆可坐可卧,可倚可濯②,荫竹木而弄云烟。数里之间,目不能移,足不能前者竟日。

注释

①潴（zhū）：水积聚。
②濯（zhuó）：洗。

译文

大体上，水流凭借着峡谷的地势延展，洒脱恣意，两旁崩塌的岩石，斜插的成为石崖，横架的成为石室，层叠的成为石楼，弯曲的成为石洞；高悬的是瀑布，环流的是小溪，积聚的是泉水；到处都可以坐也可以卧，可以倚靠也可以洗涤，竹木遮蔽，拨弄云烟。数里之间，让人一整天都移不开目光，挪不动脚。

太和仙境

时间
明天启三年（1623）三月十三日至十五日

地点
明属襄阳府（今湖北省十堰市）

主要人物
徐霞客、琼台观道士

出处
《徐霞客游记·游太和山日记》

　　太和山就是今天大名鼎鼎的武当山，位于今湖北省丹江口市。从三月十三日徐霞客始登太和山算起，到他十五日下山，其间虽然只有短短三日，但也发生了许多故事。他拜谒了紫霄宫、太和宫、五龙宫等明代皇家修筑的宏伟宫观，也游览了南岩、滴水岩、仙侣岩、凌虚岩等武当胜景，还揭露了朝廷命官勒索香火钱的腐败行径。最有趣的是，围绕几颗小小的榔梅，徐霞客竟不惜厚着脸皮四处讨取，甚至用银子"贿赂"他人。那么，榔梅到底是什么来头呢？徐霞客又为什么做出这种令人费解的行为呢？

迎恩宫→紫霄宫→榔仙祠→太和宫→金殿

三月十三日清晨,徐霞客出了客栈,骑马在平坦宽敞的石头路上狂奔了三十多里,来到太和山下的迎恩宫。不远处有一块石碑,上面写着三个龙飞凤舞的大字——"第一山",这是宋代书画名家、襄阳人米芾(fú)的手笔。徐霞客出了宫门便开始往山上走。

阳春三月,满山都是青翠欲滴的草木,众鸟啁啾,古树夹道,徐霞客仿佛穿行在帷幕之中,绿色匆匆掠过,步子轻快极了。

上上下下几十里,来到紫霄宫。紫霄宫高坐在层层石台之上,前临禹迹池,背靠展旗峰,建筑精美,殿内富丽堂皇,十分宽敞。徐霞客进入殿中,心中顿感肃穆,于是跪在蒲团上诚心诚意地叩拜了一番。

从紫霄殿右侧往上登,经过南岩的南天门,再往西越过山岭,就到了榔仙祠。榔仙祠前面有一棵光秃秃的榔树,枝干光滑,还没有长出新芽。榔树的旁边有许多高大的榔梅树,花朵的颜色浅如桃杏,丝状的花蕊垂下来,有些像海棠花的样子。相传,武当山上最初没有榔梅树,是真武大帝将梅树的树枝插在榔树上面,才有了这武当山独有的树种。

"不知出了太和山,这榔梅树栽不栽得活,榔梅滋味又如何呢?"徐霞客边想边走,几里后,突兀的山峰和陡峭的石径打断了他的思路。

一条曲曲折折的石阶路在他的眼前蜿蜒而上,石阶路两旁,每隔一段距离便立起

一根铁柱,铁柱之间用粗重的铁链连接起来。徐霞客抓着铁链拾级而上,穿过一天门、二天门和三天门,在太和宫转了一圈,便继续往上,一口气登上了天柱峰的峰顶——金顶。这时已经接近黄昏了,徐霞客站在峰顶,四周的山峰成排攒聚矗立着,有的像铜钟覆地,有的像大鼎朝天,天柱峰独立其间,气势超群。峰顶平坦处,金殿巍然屹立,在斜阳的照射下发出耀眼的光芒。殿中供奉着真武大帝和四员天将,香炉几案全部用黄金打造,各式供品应有尽有。这时,外面响起一阵喧闹声,原来是朝廷派了一个千户、一个提点来这里勒索香火钱。

"狗官!"徐霞客暗暗骂了一声,然后进入殿内,跪下来向真武大帝许了个愿。走出大殿时,一个道士跑过来关门。徐霞客回头看了看,光线越来越窄,而真武大帝的金身也在门缝中渐渐暗了下去。

消失的"雷火炼殿"奇观

"雷火炼殿"曾经是武当山上最引人遐想的奇观。每当雷雨来临时,位于天柱峰顶的金殿就会被闪电劈中,刹那间放出万道金光,甚至会在金殿周围形成一个个火球,绕着金殿打转。雷雨过后,金殿不但完好无损,反而变得更加耀眼。后来,出于种种考虑,人们在金殿附近安装了避雷针、避雷网等设备,使金殿从此免受电击,"雷火炼殿"的奇观也随之消失了。

金顶→上琼台观→中琼台观→南岩→太和宫

徐霞客在太和宫换了身干净的衣服,一大早就登上金顶,上了几炷香,然后径直去了上琼台观。

上琼台观的旁边长着几棵高大的榔梅树,榔梅花竞相开放,花色浮在空中,照亮了山谷。徐霞客兴奋不已,进入道观,逢人便问榔梅果。可是问来问去,没有一个人理他。后来,一位年长的道士告诉他:"这榔梅果是用来进贡的,可不能随便拿。从前有个人偷偷带走了三四颗,被官府定了罪,全家都遭殃了!"

"在下还是不信,偌大一座太和山,难道没有一个人私藏榔梅吗?老道长,您就帮帮忙吧,在下……"

老道长见徐霞客不依不饶,便拿来一个小小的布袋,悄悄地塞在他的手里。徐霞客打开一看,几颗榔梅都已经变黑腐烂了。

"老道长,这……"

"有就不错啦!此事千万不可说出去,切记,切记!"老道长再三交代。

徐霞客告别老道长,又到中琼台观找住持索要榔梅,住持虽然很客气,但也一直在推辞,徐霞客只好失望地离开了。没走多远,一个小道士跑过来叫他回去,说师父有东西要交给他,徐霞客喜笑颜开,急忙赶回了中琼台观。

住持握着徐霞客的手说:"那果子,贫道珍藏了两枚,希望能稍解先生的渴求之情。但此事还请先生保密,否则贫道就要遭罪啦!"说着便将两颗榔梅交给了徐霞客。

徐霞客捧在手里一看，激动得说不出话来。那果子形同青梅，色如金橘，果蒂处渗出蜂蜜一样的液体，的确非同一般。徐霞客千恩万谢，与住持聊了片刻，便离开道观，去了朝天宫。朝天宫的后面是南岩，一排排陡峭的山崖半悬在空中，如同高悬的栈道，上接青天，下临深渊。

傍晚，徐霞客回到太和宫，用银子从一名小道士那里换来了六颗榔梅。这一夜他差点睡不着觉，心里还在想着："明天还能要到榔梅吗？"

原典精选

更衣上金顶。瞻叩毕，天宇澄朗，下瞰诸峰，近者鹄①峙，远者罗列，诚天真奥区②也！遂从三天门之右小径下峡中。此径无级无索，乱峰离立③，路穿其间，迥④觉幽胜。

注释

①鹄（hú）：天鹅。②天真：没有被人为改变的大自然的原貌。奥区：腹地，深奥之处。③离立：并立。④迥：迥然，形容与众不同。此处用来表示程度，意思是十分、特别。

译文

换了衣服登上金顶。瞻仰叩拜完，天空澄碧晴朗，下瞰群峰，近的像天鹅引颈屹立，远的重重罗列，真是原原本本的大自然的深奥之处啊！于是，从三天门右边的小路下到峡中。这条小路没有台阶也没有铁索，乱峰并立着，道路穿行其间，觉得十分幽静秀美。

游有所思

1623年的二月中旬至三月中旬，徐霞客从北到南，先后游览了嵩山、华山和太和山。游完太和山之后，他在《游太和山日记》中将嵩山、华山、太和山作了一个对比，指出不同地区之间气候的差异和植被的差异，也以"山谷川原，候同气异"八个字进行了总结，真是游有所思，行有所获！

雷公洞→滴水岩→仙侣岩→青羊桥→凌虚岩→榔梅台

"这位客官，要坐轿子吗？"两名大汗淋漓的轿夫抬着竹轿朝徐霞客走过来。

"小弟惯走山路，不坐轿子，多谢多谢！"

"不妨事，敢问客官要去哪里？"其中一名轿夫很热情。

"我想回到紫霄宫，由太子岩经过不二庵，去到五龙宫。不知大哥有何见教？"

"这样走实在太绕！不如从南岩下到竹笆桥，去看看滴水岩和仙侣岩，那边好看得很哩！"

"也好也好，多谢两位！小弟这就上路了，告辞！"

徐霞客离开雷公洞，从北天门往下走，待他上了一条小径，路旁便开始阴森起来。石崖高高突起，势可飞空，不一会儿，小径一侧又响起了"滴滴答答"的滴水声，通过山洞放大开来。

徐霞客来到滴水岩，只见岩洞中有一座石殿，殿内供奉着真武大帝。石殿后方的洞顶湿漉漉的，水就从裂缝中缓缓滴下来，落进一片小小的水潭里，发出"滴答滴答"的声音。再走片刻，便到了仙侣岩。和滴水岩一样，仙侣岩的岩洞里也供奉着真武大帝。

徐霞客又走了将近三十里，先后经过竹笆桥、白云岩、仙龟岩和青羊桥，登上攒天岭，抵达五龙宫。他在五龙宫附近转了一圈，便下到一个山坞走了两里，来到凌虚岩。凌虚岩前临深谷，背靠重重山峦，四周林木幽深，风景如画，是希夷先生陈抟静心修炼的地方。

徐霞客走到道士李素希的墓园榔梅台，见那坟前的供台刚刚被人扫过，添了供品，才想起眼下已是清明时节，母亲的大寿也快到了，心中感怀。他打开包袱，又解开几块旧布，看了看那几颗珍贵的榔梅，心中念道："再也没有比这更好的寿礼啦！"

孩子看得懂的
徐霞客游记

探危岩溶洞

大眼蛙童书 编绘

化学工业出版社
·北京·

图书在版编目（CIP）数据

孩子看得懂的徐霞客游记．探危岩溶洞/大眼蛙童书编绘．—北京：化学工业出版社，2023.9
ISBN 978-7-122-43753-2

Ⅰ．①孩⋯ Ⅱ．①大⋯ Ⅲ．①《徐霞客游记》-少儿读物 Ⅳ．① K928.9-49

中国国家版本馆 CIP 数据核字（2023）第 120272 号

责任编辑：周天闻　　　　　　　插图绘制：袁微溪
责任校对：李露洁　　　　　　　装帧设计：尹琳琳

出版发行：化学工业出版社（北京市东城区青年湖南街 13 号　邮政编码 100011）
印　　装：北京宝隆世纪印刷有限公司
787mm×1092mm　1/16　总印张 17½　字数 290 千字　2024 年 1 月北京第 1 版第 1 次印刷

购书咨询：010-64518888　　　　　　　售后服务：010-64518899
网　　址：http://www.cip.com.cn
凡购买本书，如有缺损质量问题，本社销售中心负责调换。

定　　价：128.00 元（共四册）　　　　　　　　　　　　　　　版权所有　违者必究

目 录

江右奇遇记
/ 02

湘楚历险记
/ 12

桂林秘境
/ 22

柳州行
/ 32

畅游三里城
/ 46

江右奇遇记

时间
明崇祯九年（1636）十月十七日至明崇祯十年（1637）正月初十日

地点
明属广信府（今江西省上饶市），明属吉安府（今江西省吉安县）

主要人物
徐霞客、静闻和尚、顾行

出处
《徐霞客游记·江右游日记》

徐霞客在江西游历了十几个府县，遇到了许多困难——有时来自社会，如恶棍劫船、旅店拒客；有时源于自身，如脓疮发作、足裂足痛；有时源于自然，如凄风苦雨、浅水险滩。但他总能通过自身的毅力与智慧克服困难，关键时刻也总会得到好人的帮助。这段长达两个多月的旅程，带给徐霞客更多的是前所未见的奇景，如丹霞群山、叫岩胜境、梅田奇洞、武功圣地，等等，说不完，也道不尽。本章在洋洋洒洒几万字的《江右游日记》中选取了几个片段，描述了几件具有代表性的事情，让读者体会徐霞客在江西所经历的酸甜苦辣，从而对这位千古奇人有更加深入、立体的了解。

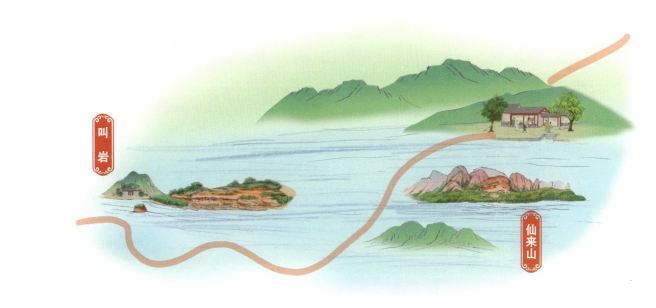

沙溪→仙来山→雷打石→叫岩

"咚咚,咚咚,咚咚……"夜深了,信江边的沙溪镇上,鳞次栉比的商铺都大门紧闭,黑漆漆,静悄悄的,只有舂米的声音从两岸水碓房里源源不断地传过来。

船夫找地方泊了船,对静闻和尚、徐霞客及其家仆顾行说道:"如今年岁不好,晚上盗贼多,三位上岸后千万小心!"三人听了,变得警觉起来,就近找个客栈歇了一晚。

次日,徐霞客本打算走路去游灵山,却因为身上的脓疮发作了,行动不便,只好与静闻、顾行乘船沿着信江继续前行,坐在船上观赏两岸的风景。

"船老大,那座又红又圆的山是什么山?"徐霞客指着一座长得像馒头的山峰问道。

"哦,那是仙来山。这样的'红馒头',后面多的是呢!"

果然,从仙来山一直到雷打石,二十里之内,信江两岸到处都是这样的山峰,有的像倒扣在地上的大锅,有的像趴在地上的水牛,时断时续,各自独立。

徐霞客一行人在铅（yán）山县下船住了一晚，然后又坐船前往贵溪县。三十里后，一侧的江岸变成了一行盘曲的石崖，高处写着"渔翁隐次"四个大字。石崖的腰部被一排洞穴环绕着，就像一条走廊，连门窗都能分辨出来。船夫告诉徐霞客，这里就是叫岩，眼前这座石崖名叫渔隐崖。徐霞客摸了摸胡子道："的确是个隐居的好地方！"

小船驶至叫岩右侧，便有一条石阶路从叫岩上面伸进水里，仿佛正在吸水一般。

"船老大，停船，停船！"徐霞客叫道。

"客官，你不是要去贵溪县吗？我还要做生意，可不能等你。"

"不碍事，你走便是了，剩下的船钱也不用找了。"

船夫目送徐霞客一行人上了岸，心里嘀咕着："莫非他们是来找地方隐居的？"

丹霞地貌

信江岸边又红又圆的山属于典型的丹霞地貌。丹霞地貌是红色沙砾岩经过侵蚀、溶蚀、风化、重力崩塌等一系列作用后所形成的一种地貌，有柱状、塔状、堡垒状等各种形态。在我国南方，最具代表性的丹霞地貌有广东的丹霞山、湖南的崀（làng）山、江西的龙虎山和浙江的江郎山等，而北方最具代表性的丹霞地貌则是甘肃的张掖"七彩丹霞"。

吉水县→青原寺→白鹭洲

"嘭!"一条小船撞在徐霞客坐的客船上,几个恶棍跳上船来围住船夫,大呼小叫。

"你们想干什么?!"船夫大喝一声,举起竹篙挡在身前。

"干什么?我们是给官府押运银子的,现在要征用你们的船去省城!"

船夫还没来得及回话,恶棍们就狠狠地将他打了一顿,捆绑起来。船上的客人吓得手足无措,只有徐霞客暗暗酝酿着应对之策。

恶棍们把客船上的行李搬到了他们的船上,又把他们自己的东西搬了过来,都是些铺盖、串铃之类的东西。哪有什么官银?

徐霞客开口问道:"几位老爷,这里离吉安府城很近,可否把我们送到府城呢?"

"再多嘴就把你扔下去!哥几个,开船!"

两条船没划多远,徐霞客趁着船只靠近岸边的时机跳上了岸,急匆匆地找到了一个保长。保长带人追上恶棍,将客船和行李要了回来。

徐霞客谢了保长,仍旧坐船来到吉安府城。在白鹭洲一带转了几天,然后途经带源、夏朗、富源、永和等地,抵达青原寺。

"本寺原是唐代高僧行思的修行之处,后来却成了书院。大概十年前,邹南皋、郭青螺二老想让寺庙和书院并存,便请贫僧来主持此事。但贫僧坚决认为,禅寺是禅寺,

书院是书院，二者不可并存。因此，把书院迁到了外面，开始扩建重修禅寺，至今还未完工。"青原寺的住持本寂和尚对徐霞客讲了自己复兴青原寺的经历。

徐霞客在本寂的僧房里吃了午饭，沿着寺庙东南方的小溪往上走，在迂回狭窄的龙砂和虎砂之间绕了一圈，随后进入一个山坞。山峦夹峙，小路陡峻而又曲折，沿途有许多水碓、菜圃，种种景色不似人间。

日头渐斜，徐霞客回到青原寺辞别本寂，走了十几里，到达赣江岸边时已是黄昏。江中夕光点点，江上暮烟横卧。徐霞客坐上一条小船，船夫问他："客官人何往？"徐霞客指着远处的一片沙洲答道："白鹭洲。"

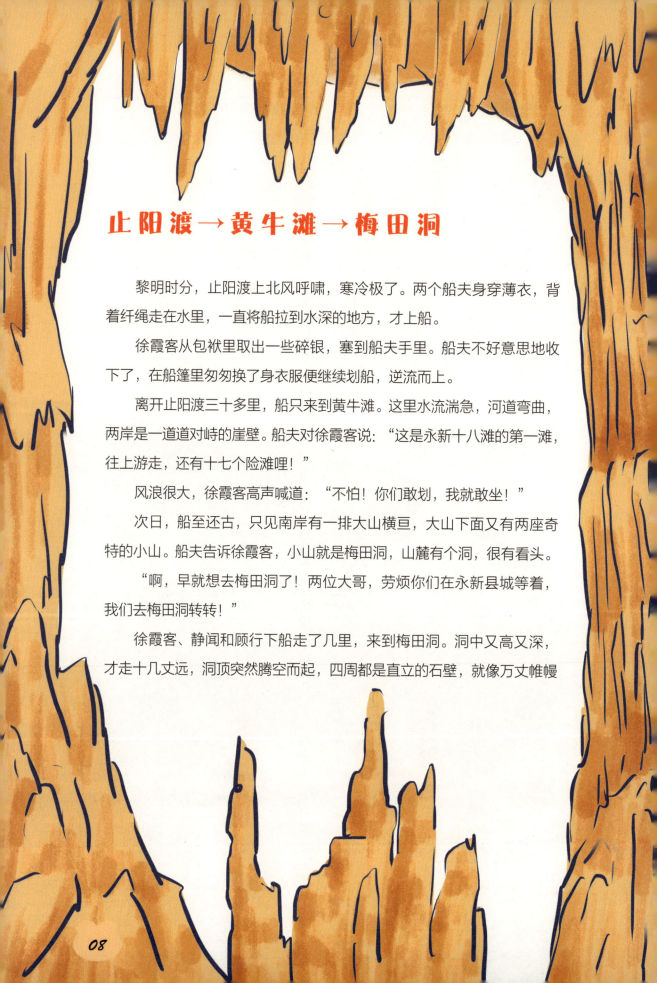

止阳渡→黄牛滩→梅田洞

黎明时分，止阳渡上北风呼啸，寒冷极了。两个船夫身穿薄衣，背着纤绳走在水里，一直将船拉到水深的地方，才上船。

徐霞客从包袱里取出一些碎银，塞到船夫手里。船夫不好意思地收下了，在船篷里匆匆换了身衣服便继续划船，逆流而上。

离开止阳渡三十多里，船只来到黄牛滩。这里水流湍急，河道弯曲，两岸是一道道对峙的崖壁。船夫对徐霞客说："这是永新十八滩的第一滩，往上游走，还有十七个险滩哩！"

风浪很大，徐霞客高声喊道："不怕！你们敢划，我就敢坐！"

次日，船至还古，只见南岸有一排大山横亘，大山下面又有两座奇特的小山。船夫告诉徐霞客，小山就是梅田洞，山麓有个洞，很有看头。

"啊，早就想去梅田洞了！两位大哥，劳烦你们在永新县城等着，我们去梅田洞转转！"

徐霞客、静闻和顾行下船走了几里，来到梅田洞。洞中又高又深，才走十几丈远，洞顶突然腾空而起，四周都是直立的石壁，就像万丈帷幔

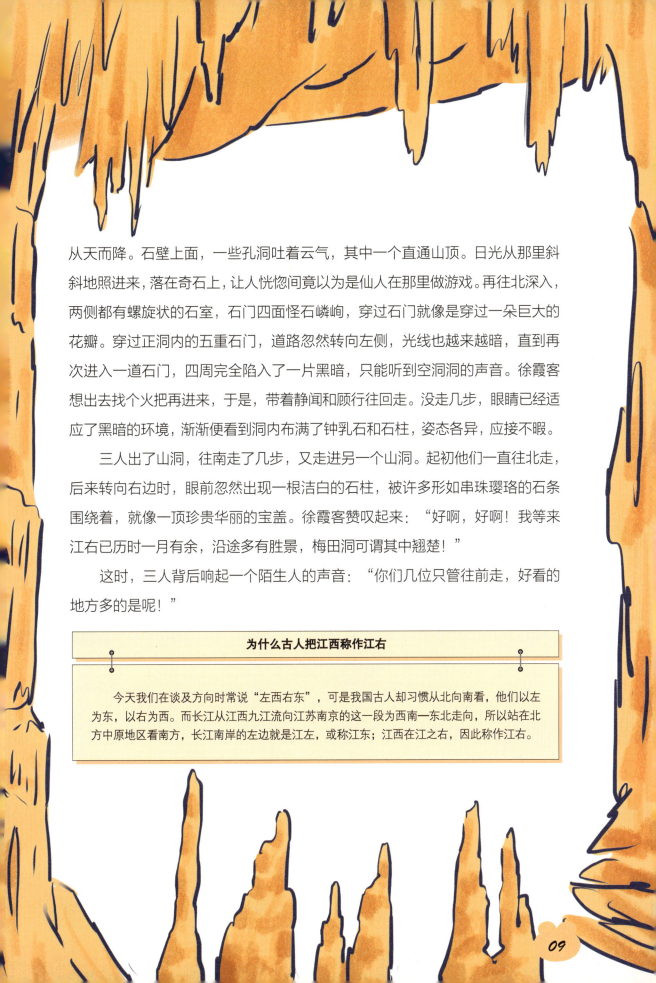

从天而降。石壁上面,一些孔洞吐着云气,其中一个直通山顶。日光从那里斜斜地照进来,落在奇石上,让人恍惚间竟以为是仙人在那里做游戏。再往北深入,两侧都有螺旋状的石室,石门四面怪石嶙峋,穿过石门就像是穿过一朵巨大的花瓣。穿过正洞内的五重石门,道路忽然转向左侧,光线也越来越暗,直到再次进入一道石门,四周完全陷入了一片黑暗,只能听到空洞洞的声音。徐霞客想出去找个火把再进来,于是,带着静闻和顾行往回走。没走几步,眼睛已经适应了黑暗的环境,渐渐便看到洞内布满了钟乳石和石柱,姿态各异,应接不暇。

三人出了山洞,往南走了几步,又走进另一个山洞。起初他们一直往北走,后来转向右边时,眼前忽然出现一根洁白的石柱,被许多形如串珠璎珞的石条围绕着,就像一顶珍贵华丽的宝盖。徐霞客赞叹起来:"好啊,好啊!我等来江右已历时一月有余,沿途多有胜景,梅田洞可谓其中翘楚!"

这时,三人背后响起一个陌生人的声音:"你们几位只管往前走,好看的地方多的是呢!"

为什么古人把江西称作江右

今天我们在谈及方向时常说"左西右东",可是我国古人却习惯从北向南看,他们以左为东,以右为西。而长江从江西九江流向江苏南京的这一段为西南—东北走向,所以站在北方中原地区看南方,长江南岸的左边就是江左,或称江东;江西在江之右,因此称作江右。

李田→禾山→武功山

徐霞客一行人游完梅田洞，走到永新县李田镇时，已是大年三十的下午了。徐霞客担心除夕住宿不方便，早早地就在镇上寻找客栈。可问了好几家，都说不接客。徐霞客和静闻正在街口踌躇，一个儒生走过来问道："请问两位是南京人吗？"

静闻答道："贫僧是迎福寺的僧人，这位先生是江阴人。"

"在下姓刘，近日正要去南京拜访兄长。两位远道而来，怎能露宿在外呢？请随我来，族人刘怀素家里可以住宿。"

到了刘怀素家里，主人拿出酒菜款待，徐霞客也买了些酒肉犒劳同行的脚夫。吃完饭，徐霞客与静闻出门观看落日，望见北面有座高山离得很近，一打听，原来那就是禾山，离武功山还有一百二十里。

次日拂晓，徐霞客带上顾行前往禾山，静闻和三个脚夫则带着行李赶去西边的路江等候。

徐霞客和顾行走了几十里，在禾山寺歇了歇脚，谢绝了僧人乐庵的挽留，继续赶往武功山。随后两天，二人途经铁径、严堂、鸡公坳、陈山、常冲岭等地，于正月初三冒雨抵达武功山的集云观。集云观前临溪流，背靠香炉峰，是一处绝妙的清修之地。

徐霞客和顾行由小径沿着幽深的壑谷往东走，遇到山冈就往上攀，遇到峡谷就往下走。经过第五条峡谷时，徐霞客望见北边的峡谷内树木葱茏，石崖突兀，几处被冻

成冰柱的瀑布从石崖上面拖下来，就像一条条白色的帷幔。

　　五里后，二人来到白法庵。此地偏僻幽静，最初是野兽麇集的地方，后来白云法师兴建禅寺时，寺中出现了白色鹦鹉，所以起名叫白法庵。白法庵面朝箕山，背后便是上登武功山主峰金顶的道路。徐霞客和顾行在庵里换下了湿透的衣鞋，吃了顿斋饭，便从庵后往上登。才走两里路，忽然看见西南方有浓云席卷而来，瞬间笼罩了箕山和香炉峰。二人加快脚步，登上了山顶。又走了一会儿，两个道士从云雾中走出来，徐霞客心中暗暗惊叹道："真是仙风道骨！"一阵风过去，云雾被吹开一个豁口，一片茅檐露了出来。道士对徐霞客说："风雨交加，二位请入茅舍暂避。"徐霞客拱手让道："多谢多谢，高人先请！"

原典精选

　　遇冈则跻①而上，遇峡则俯而下。由棋盘经第二峡，有石高十余丈竖峰侧，殊觉娉婷②。其内峡中突崖丛树，望之甚异，而石滑草塞，无可着足。

注释

①跻：登。②娉婷：形容女子容貌、姿态优美。这里用来比喻石头姿态优美。

译文

　　（我们）遇到山冈就往上登，遇到峡谷就俯身往下走。由棋盘石途经的第二条峡谷中，有块岩石高达十几丈，立在山峰一侧，觉得姿态十分优美。这块岩石内侧的峡谷中，悬崖突兀，树木丛生，看上去特别奇异，但山石湿滑，草木塞路，无处可以落脚。

湘楚历险记

时间
明崇祯十年（1637）正月十七日至二月十二日

地点
明属长沙府茶陵州（今湖南省茶陵县），
明属衡州府衡山县（今湖南省衡山县），
明属衡州府衡阳县（今湖南省衡阳市）

主要人物
徐霞客、顾行、静闻和尚

出处
《徐霞客游记·楚游日记》

　　徐霞客离开江西之后，在湖南游览了将近三个月，本章截取其中二十多天（崇祯十年正月十七日至二月十二日）的经历，着重表现这段旅途中的险。在上清潭，徐霞客脱掉衣服，忍着刺骨的寒冷潜水探洞；麻叶洞前，他又冲破迷信的束缚，进入"有精怪"的洞中，发现了诸多奇景，被村民们视若神明。而最险的，莫过于他在湘江遇上强盗，不但丢失了许多重要的物品，而且他的朋友静闻和仆人顾行都被强盗的刀剑所刺伤。遇盗一事，折射出了明末的社会乱象，也让我们看到了静闻慈悲为怀、舍己为人的高尚品德，以及石瑶庭是非不分、自私自利的丑陋嘴脸。

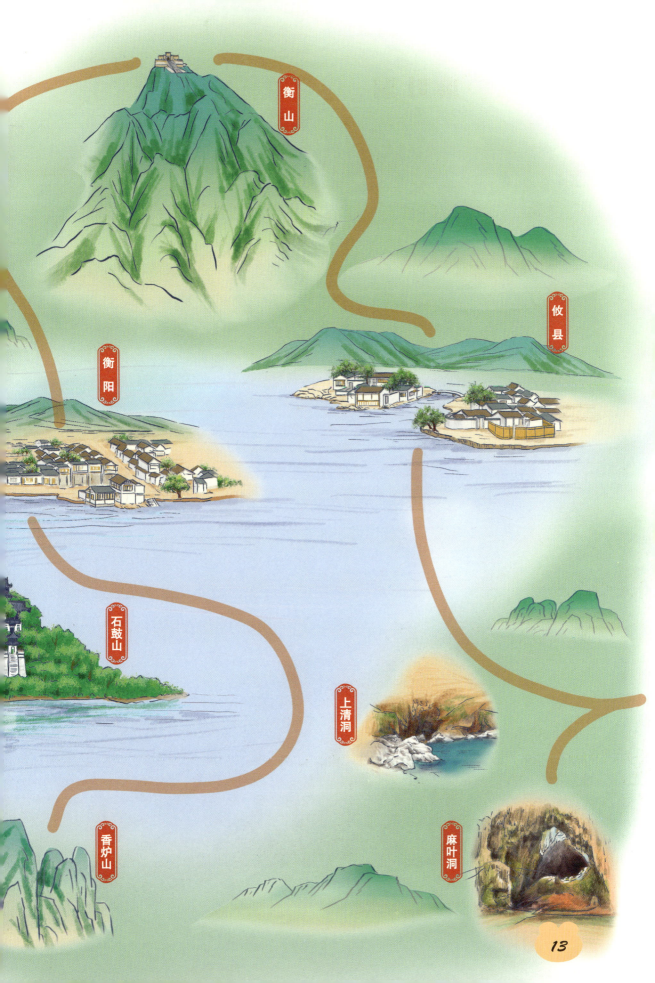

上清洞→麻叶洞

清晨，徐霞客和顾行来到茶陵州攸（yōu）县（今湖南省攸县）的上清潭。上清潭旁有个山洞，有水从洞里流出来，十分湍急。

徐霞客脱了衣服放在洞外，由顾行看守。自己走进水里，举着火把，往里游了二丈远，看见西边有一个狭窄的洞口，洞口上方只有一个手掌那么高的空间，火把实在过不去，加之水流寒冷，只得返回洞口，呼……缝隙里刮来一阵寒风，使徐霞客从头到脚打了个冷战。

"不行不行，就算我潜水钻进洞里，火把过不去，我什么也看不到啊！"

顾行和徐霞客在洞口生火烘干了衣服，然后四处寻找向导，要去三里外的麻叶洞。

"老伯，可否带路去探一下麻叶洞？"

"千万去不得啊，麻叶洞里有神龙！"

"大哥，你能带我去探一下麻叶洞吗？"

"麻叶洞里有鬼怪，你没法术，最好莫去！"

村民们听说有人要进麻叶洞，有的带镰刀，有的扛锄头，妇女们饭也不做，布也不织了，几十人成群结队地跟到了洞口，但是没有一个人敢做向导。

徐霞客和顾行一步一步弯腰下到洞底，洞底有个又矮又窄的洞穴。他们伏在地上，伸出火把匍匐前进。钻过几次绝路后，他们来到洞内的一个峡谷中。这里细沙铺地，乱石堆积处，就像一座层层叠叠的楼阁。绕过乱石，沿着一条溪涧往里走，钻过石缝，爬过石堆，二人忽上忽下，转入一条平坦的巷道。巷道北边有一张石床，四边匀称齐整，石床上方，一条莲花状的石柱垂下来，被许多小石柱围在中间，形成一顶唯美的床幔。继续往里走，洞穴又分为两层，通向两个不同的方向。这时，二人的火把已经用得差不多了，只好加快脚步往外走。

村民们见主仆二人毫发无伤地出来了，全都举手加额，大声欢呼："真是神人啊！"

徐霞客向村民们鞠了一躬，说道："多谢诸位记挂！洞中只有仙境，并无鬼怪。烦劳各位在这里守候了这么久。"

神奇的"九十九井"

在上清潭附近，徐霞客见到了"九十九井"，也就是许多漩涡状的"落水坑"，从山头笔直通到地下。在地质学中，这种"落水坑"被视为一种喀斯特地貌。当雨水或溪流进入石灰岩的裂隙中时，就会发生溶蚀作用，使裂隙逐渐扩大为竖井或天坑。

攸县→衡山→石鼓山

离开麻叶洞后，徐霞客和顾行马不停蹄地赶路，匆匆穿过攸县，四天后来到衡山脚下。他们先拜谒了岳庙，然后来到水帘洞。

"老爷，这里只有水帘，没有洞啊！"顾行有些瞧不上这个水帘洞。

正好一个老农从旁经过，徐霞客上前问道："请问这位老伯，这水帘洞有水无洞，为何还叫洞呢？"

"噢，我们这里把群山环绕成的山坞称为'洞'。衡山上下，这样的'洞'还蛮多呢！"

主仆二人恍然大悟，谢了老农，又在附近转了转。见天色将暮，便回到岳庙住了下来。此后四天，除了第一天匆匆游过络丝潭、宝善堂、半云庵、茶庵、铁佛寺等地，后面三天，因为一直下雨，徐霞客都是在上封寺里面度过的。

天一放晴，徐霞客就闲不住了，他先后登了祝融峰、侧刀峰、赤帝峰、天柱峰、华盖峰、观音峰和云雾峰，去了大名鼎鼎的方广寺。方广寺始建于南朝梁代，一千多年来屡修屡废，屡废屡兴。几年前正殿又被大火烧毁，殿内的三尊大佛至今仍在遭受着日晒雨淋。

徐霞客叹了口气，突然想起两句诗，不禁念了出来："禅宫亦消歇，尘世转堪哀。"

> **衡山四绝**
>
> 在衡山有四绝，分别是方广寺之深、水帘洞之奇、藏经殿之秀和祝融峰之高。方广寺始建于南朝，四周竹林掩映，以古老、幽深闻名；水帘洞瀑色如雪，泉水清甜，有"南岳第一泉"之称；藏经殿历史悠久，周边景色秀丽，又曾藏有明太祖朱元璋御赐的《大藏经》，因而声名显赫；祝融峰海拔1300多米，高耸入云，是衡山的最高峰。

两天后，到了衡阳县，徐霞客在绿竹庵见到了静闻和尚。二月初一，徐霞客游览了石鼓山上的石鼓书院。书院里有一座高高的阁楼，名叫大观楼。大观楼与回雁峰南北相对，夹在蒸江与湘江之间，西瞰石鼓山脊，近处是万家烟火，远处是白云和山林，层层叠叠，相互掩映。这里虽然不如吉安的白鹭书院那样壮观，却是韩愈、朱熹和张栻讲学的场所，兼有滕王阁、黄鹤楼那样优美的景色。阁楼后面依次是七贤祠和生生阁。生生阁面朝东方，尽收蒸、湘两江之胜，北面又有耒水汇入湘江。又往东是合江亭，亭下濒临江水的地方有两块矗立的岩石，相传只要遇上战乱，就会发出叫声。

"山雨欲来风满楼！"徐霞客的心情有些沉重，他拍了拍其中的一块石头，正是乌云蔽日、大风骤起之时，"哎，看样子，又要下一场大雨了！"

新塘站 → 香炉山

徐霞客一行人出了衡阳县城，乘客船沿着湘江前往永州。

两天后，船只晚间在新塘站泊岸休息。徐霞客刚刚躺下不久，岸边忽然传来连续不断的号哭声，吵得他无法入睡。徐霞客虽然有些同情，但他行走几十年，什么怪事没见过？他觉得这八成是个骗局，便没有理会，趴在枕头上写起诗来。

二更天，哭声还没有停止。静闻心中不忍，借着小解的机会涉水上岸，找到了哭声的源头，原来是个十来岁的孩子。

孩子哭诉道："大师，救救我吧！我是从王大人家里逃出来的，大人经常喝醉酒，动不动就用大棍子打我！"

静闻无可奈何，只能苦口婆心地劝他回去。谁知静闻刚上船，岸边就杀声四起，一群强盗举着刀剑火把，分作两路，一路冲上船尾挥刀乱砍，一路从船头直入船舱。徐霞客急忙用力将船篷掀开一条缝隙，将钱匣扔进水里。一眨眼的工夫，两头的强盗一哄而入，将船上众人围了起来。

"饶命啊，老爷们饶命啊！"众人一齐跪下，苦苦求饶，可是强盗并不

理会，只管乱砍乱戳，到处都闪动着刀光剑影。

徐霞客使了个眼色，示意众人一齐掀掉船篷跳进水里。

"咚——哗——扑通！"众人合力将船篷掀开，纷纷跳进水里。徐霞客却被纤绳绊住了脚，连同船篷倒翻下去，一头碰在水底，狠狠地呛了一口水。幸好江边水浅，他一挣扎就浮上了江面。他逆水划了片刻，被另一艘逃难的客船救了上来。到了船板上，他才发现自己忙着逃命，连衣服都没来得及穿。

客船逆流上行了三四里，停在香炉山下。徐霞客裹着被子钻出船篷，回望远处，江面上火光熊熊，骤然又响起一声指哨，看来是强盗们准备撤离了。

过了一会儿，又有几条逃难的客船来到了香炉山下，船内人声嘈杂，有伤者的哀号，也有叽叽喳喳的谈论声。

"那些强盗真是心狠手辣，见人就砍！"

"谁说不是！我看到一个南京来的相公中了四剑，也不知是死是活！"

"你看你看，就是那个相公，他从那边过来了！"

新塘站→衡阳县

原来,中了四剑的正是顾行!他一丝不挂,喉咙里连连发出痛苦的呻吟声,被人扶到了徐霞客的身边。徐霞客大吃一惊,急忙让他躺进被子里。

次日拂晓,徐霞客和顾行穿着别人送的薄衣,与另外四人上了岸,准备回去寻找掉进水里的物品。

寒风刺骨,冷雨潇潇。六人披头散发,满脚伤痕,沿着江岸往北走,一个个就像狼狈的囚犯。走了四里后,他们望见一架黑乎乎的残骸横在对面江上,正是那条被抢劫的客船。他们急忙向对岸的几条客船招手,请求船夫过来摆渡。几名船夫见他们如此狼狈,怀疑他们不是好人,没有一个人愿意过来。

徐霞客和顾行朝对岸喊了几声静闻,过了一会儿,对岸响起了静闻的呼声,一条小船也划了过来,把徐霞客一行人带到了对岸。徐霞客和顾行见到静闻,欣喜若狂。三人抱成一团,连连叫道:"好,好,太好了,都还活着!"

静闻见徐霞客冻得瑟瑟发抖,于是脱下一件衣服给他添上,又将一个湿漉漉的包袱和一个竹箱交给他,对他说道:"你的钱匣我找到了,可里面是

空的,我只保住了这个箱子和包袱,箱子里是你临摹的《大禹碑》和《衡州一统志》,还有你的一些书信;包袱里装了你的一条裤子和一双袜子……"说完又急匆匆潜入水里,捞出一口铁锅和一些湿米,熬粥分给众人喝。等每个人都分到了粥,他才坐下来喝了一些。

三人烘干衣服后,与另外几个人找了一条船,一同返回衡阳县。行船途中,静闻向徐霞客说起了他在那条船上的经历。

"当时你们都跳进了水里,我想到我的佛经还有你的书信、手稿都在船上,便舍命哀求,从强盗手里保住了它们。后来,他们破开你的竹箱,取走了箱子里的绸缎,把剩下的东西也带走了,那些带不走的,他们要不就倒在船板上,要不就扔进水里,临走时还在后舱放了一把火。我急忙跳进江里,取水救火,那些强盗听见水声,又回过来刺了我两刀。等强盗走远了,我冒险爬进船舱,将同船的艾行可和石瑶庭的行李取了出来。后来我上了岸,把行李还给了石瑶庭……哎,他却骂我不是好人,说强盗是我引上来的,想要抢走他的箱子……"

听到这里,徐霞客怒不可遏,在船板上重重地砸了一拳,破口骂道:"那姓石的真不是个东西!强盗尚且同情僧人,他比强盗还要可恨!"

桂林秘境

> **时间**
> 明崇祯十年（1637）五月初二日至五月初七日
>
> **地点**
> 明属桂林府（今广西壮族自治区桂林市）
>
> **主要人物**
> 徐霞客、静闻和尚、顾行、杨子正
>
> **出处**
> 《徐霞客游记·粤西游日记一》

崇祯十年（1637）闰四月二十八日，徐霞客抵达桂林府，在这片宝地游览了将近一个半月。本文根据《徐霞客游记》中与七星岩、雉岩、刘仙岩相关的部分写成，时间跨度从五月初二日至五月初七日，着重交代了徐霞客一行人在各个奇异的溶洞中的所见所闻。这些溶洞皆是人迹罕至的地方，因此用"秘境"一词来总结再合适不过。此外，文中还描写了明朝时桂林端午节的习俗以及独特的饮食，这些对于小读者来说，也可以算得上新鲜的趣闻。

七星山与七星岩

七星山位于广西壮族自治区桂林市东郊,是漓江东岸七座残峰的总称。这七座残峰就像北斗七星那样排列着,因此它们的名字也和北斗七星一样,分别叫作天枢、天璇、天玑、天权、玉衡、开阳、瑶光。其中天枢、天璇、天玑、天权四峰在北面组成普陀山,形如斗魁;玉衡、开阳、瑶光三峰则在南面组成月牙山,形如斗柄。七星山有许多石灰岩溶洞,其中以普陀山内的七星岩最为著名。七星岩有八个厅堂一般的溶洞,由一条长达800多米的通道连为一体,洞内温度常年维持在20℃左右,十分舒适。

花桥→七星岩→獭子潭

　　店小二端来一盘包子和三碗稀粥，一边用笑眼扫过徐霞客、静闻和顾行，一边说道："三位客官，请慢用！"他正要转身离开，却被徐霞客叫住了："小哥，劳烦你把包子换成白馒头。你们桂林的砂糖韭菜肉包子，我们实在是吃不惯。再说，这里还有位僧人呢！"店小二听了，急忙将包子撤下去，换了一盘白馒头。

　　三人吃完早饭，带着行李出了桂林城东门，途经浮桥、花桥，前往七星岩。先到了摘星亭，只见一旁有座寺庙，三人走进去询问去岩洞的路，一名僧人告诉他们："敝寺就是岩洞的入口，出了后门便是。"

　　三人穿过后门，顺着一条石阶路往上走。一开始洞内暗无天日，光线全都被寺庙的房屋所遮蔽。走了一会儿，石阶路转向西北，洞中豁然开朗，上上下下长满了各式各样的钟乳石和石柱，就连空气也变得清爽起来。原来，这就是七星岩的上洞。

　　他们沿着洞内的石阶向下走，进入下洞。下洞又叫栖霞洞，洞内开阔明朗，洞顶横着裂开一道缝隙，一条石鲤鱼从中跃出，十分逼真，脑袋、鱼鳃，还有鳞片、尾巴，一样都不少。石鲤鱼的旁边，一些更大的石柱从洞顶盘旋而下，仿佛五彩缤纷的伞盖，十分壮观。

　　栖霞洞的西北面，一层层平台高高地堆向老君台。三人上了老君台，不久后来到一个漆黑的地方。于是点燃事先准备的灯笼，沿着壑谷往前走。紧接着便看到石壁上攒聚的裂痕就像锦绣一般错杂交织，变幻多姿。他们一直向北，陆陆续续钻过石柱之间狭窄的通道，再次进入一个更加宽阔的山洞——上方是高不可攀的穹隆，下方深深陷入黑暗之中，看不见底。

　　徐霞客道："这大概就是獭（tǎ）子潭了。听人说，这个水潭直通大海，我却是不信的。"说完便往前走，一连又穿过两道石门，道路渐渐转向东北，洞中的石头也越来越奇，有像馒头的，有像花瓶的，还有像八仙、像两人对弈的，琳琅满目，让人应接不暇。不过，徐霞客并不想在这里停留，他想要看的还在前方。

红毡、白毡→曾公岩

徐霞客一行人翻越石崖往上走，途经名为"龙江"的暗河与"红毡""白毡"，穿过一道石门，忽然看见前方有一道圆圆的白光，迷迷蒙蒙，映照到洞内幽深的壑谷中。三人顺着白光出了后洞，走过一座小石桥，只见洞口右侧的一片崖壁上隐隐约约有些刻痕。徐霞客上前拂了几下，果然有字，刻的是宋朝大臣曾布所作的碑记。这才知道此处原本叫作冷水岩，因曾布担任桂州知州时修建了这座桥，人们便将冷水岩改名为曾公岩。

徐霞客站在桥上，注意到山涧中有个人正在洗衣服，于是走过去问道："这位兄弟，在下想打听一下，这条涧水从洞里流出来，我想逆流进去，不知可不可行？"

那人答道："不可，如今洞里的水深浅莫测，除非是在冬天，洞里水浅时，才能进去。"

徐霞客又问："那洞里的景色如何？"

那人答："景色好啊！虽然路程比外洞远，但景色也比外洞奇特得多！"

"看来你对洞里熟悉得很啊！你看这样如何，"徐霞客取出一些铜钱，塞在那人手中，"我想请你做个向导，这些钱给你买肉吃，劳你带我们回洞里转转。方才我们在里面走马观花，肯定还有不少没有去过的地方。"

从七星岩到曾公岩

《徐霞客游记》中所记载的七星岩，是今天的七星岩洞与碧虚洞的合称。洞中分为上下两层，在明朝时，上洞被称为七星岩，下洞被称为栖霞洞，也是今天景点内的游览通道。徐霞客从七星岩的北洞口进入岩洞，途经獭子潭、红毡、白毡，然后到达曾公岩。七星岩的北洞口即今七星岩的入口，獭子潭即今癞（lài）子潭，红毡、白毡今称金纱、银纱，而曾公岩也有了个新名字——马坪街洞口。

"那也可以。你们在这里等我,我回去放了衣服,再拿些松明来,好带你们进洞。"

不久后,那人果然带着些松明回来了。他带着徐霞客一行人来到庆林观寄存了行李,然后再次进入洞中,经过红白二毡,改由岔路往北行。沿途钟乳石千姿百态,有的像舞绣球的狮子,有的像卷鼻子的大象,有的像长颈凸背的骆驼,还有的像罗汉宴饮,热闹非凡。越往深处走,光线就越暗,仿佛要进入无尽的深渊。接近洞外那条山涧的上游时,做向导的人露怯了,他对徐霞客说道:"这样走下去,就算几天也走不到头!前面的路从来没人进去过,何况如今正是涨水的时节,我看还是不要去冒险了。"

徐霞客见他这样说,心想洞里的景色也看得差不多了,于是便让他带路返回了庆林观。

雉岩

两天后,徐霞客一行人来到雉(zhì)岩。在雉岩寺中认识了一个名叫杨子正的读书人。

次日正是端午节,天公不作美,下起了大雨。徐霞客打算好好休息一下,便让顾行进城去买酒菜,自己则凭栏观赏雨中的山景。

中午,徐霞客来到寺外的亭子里,饮菖蒲酒抚慰过节的心情。下午,杨子正领着三位同窗好友来了。几人各自行了礼,杨子正道:

"先生，今日端阳佳节，我们也带了些酒菜，请先生共用！"说着便与三位好友将徐霞客请到了上位。

几人吃到一半，一名乐师不紧不慢地走了进来。杨子正的好友朱超凡对徐霞客说道："徐先生，这是在下家中的乐师，能唱几支吴曲。"说罢点头示意乐师开唱。

徐霞客有些不悦，这靡靡之音他一点儿也不爱听，可是碍于情面，也只好耐着性子听完了。吴曲方歇，又听见山下鼓响。

"这是？"徐霞客有些疑惑。

杨子正道："噢，这是本地人在山下赛龙舟。如今朝廷自顾不暇，这种小事便没人管了。"

徐霞客走到外面，果然看见漓江上面有许多龙舟争先恐后，鼓手与船员们的节奏整齐划一，从船头到船尾，激起雪白的波涛翻涌回旋着。此情此景，勾起了徐霞客的思乡之情，为了掩盖心事，他换了个话题。

"我日前翻阅《一统志》，上面说漓山便是雉岩，但范成大又将象鼻山当作漓山，到底哪个才是对的呢？"

杨子正道："雉岩正对城南，北面一里处是象鼻山，南面三里处又有座净瓶山。由于雉岩位于中间，又要高些，因此志书将其视作漓山。雉岩的石门不如象鼻山水月洞那样宽阔，游人自然就不常来了。依我看，雉岩、象鼻山与净瓶山都是剜空嵌入漓江，各有千秋，都配得上'漓山'这个名字。"

南溪桥→刘仙岩

五月初六，徐霞客辞别了杨子正等人，与静闻、顾行走过南溪桥，来到桥东的一座山下，沿着一条长长的石阶路往上走。他们听说白龙洞就在山顶上。

没走多久，就看见有个洞口向西敞开着，下方坐落着高大的庙宇。徐霞客带头走进去，向庙里的和尚买了三支火把，又问道："师父，这白龙洞离刘仙岩还有多远呢？"

和尚答道："不远，三位进洞之后不必返回，由白龙洞即可到达刘仙岩。"

徐霞客以为白龙洞里道路分明，直至进入洞中，才发现有许多岔路。他们走到洞穴东边的尽头，又向南下到一个石坑，只见旁洞四通八达，上下交错，根本就不知道要走哪一条路。三人只好原路返回，下山沿着南麓向东转，很快刘仙岩就出现在眼前。

原来，刘仙岩也是岩洞，与白龙洞分别位于东、西两个方向，相距不过一里路。刘仙岩下面有个道观，观里的道士还在睡觉，徐霞客便请来一个道童带路。一行人进洞转了片刻，又穿入另一个岩洞，只见洞中放着刘仙人刘景和他师父张平叔等人的神像。由这个岩洞的东边翻越到另一个放着仙妃神像的岩洞。岩洞前方垂着一块巨大的岩石，好像一排屏风挡在路口。一侧的石壁上刻着许多字，多数都与张仙人有关。徐霞客本想与静闻将其中一部分临摹或抄写下来，但写到一半天就黑了，只好回到道观住了下来。

次日，大雨下个不停，徐霞客与静闻冒雨出了道观，沿着湿草间滑溜溜的石阶路往上走，打算去完成前一日没有摹完、抄完的石刻。抵达目的地时，他们的衣服从外到内全都湿透了。

晌午时分，道童寻徐霞客与静闻回去吃饭，顺便说道："两位先生，这一带石刻多得是，何必都要抄下来呢？"

徐霞客问："哪里还有石刻呢？"

道童答："穿云岩里面还有宋代人的《桂林十二岩十二洞歌》。"

徐霞客喜出望外，急忙收起纸笔，说道："光听名字就喜欢！走，我们快去吃饭！"

原典精选

再前，望崖头①北隅梳妆台下，飞石嵌江，剜（wān）成门阙，远望之，较水月似小，而与雉山石门，其势相似。然急流涌其中，荡漾尤异，倏忽之间，上见圆明达云，下睹方渚（zhǔ）嵌水，瞻顾之间，奇绝未有。

注释

①崖头：即净瓶山。

译文

再往前走，望见净瓶山北隅的梳妆台下，飞石嵌入江中，剜空形成门阙，远远望去，比水月洞似乎要小一些，但与雉山的石门比起来，气势相似。然而急流奔涌在石洞中，水波荡漾的样子尤为奇异，倏忽之间，往上看见明亮的圆洞直达云霄，向下看见一片小洲嵌入水中，顾盼之间，是前所未见的奇绝景致。

柳州行

时间
明崇祯十年（1637）六月十四日至七月初六日

地点
明属柳州府（今广西壮族自治区柳州市）

主要人物
徐霞客、静闻和尚、顾行、参慧和尚

出处
《徐霞客游记·粤西游日记二》

在柳州府（今广西壮族自治区柳州市）的洛容县（今鹿寨县），一向吃苦耐劳的静闻和顾行同时生了重病，徐霞客只好花重金为静闻雇了轿子，让顾行随轿，先去柳州的府城养病。然而狡猾的当地人见利忘义，竟私下里将轿子换成牛车，将静闻送到一个破庙里，又将他的行李抵押给庙里的和尚，换成钱后一走了之。徐霞客到达柳州府城后，先是找到了卧病在床的顾行，又经过几番周折寻得静闻，可这时静闻已经病得神志不清了。徐霞客焦头烂额，既要照顾病人，又想游览山川。那么，在这进退两难的关头，他的柳州之行该如何继续呢？前方还会有其他困难等着他吗？

洛容→罗山

徐霞客一行人乘船来到柳州府的洛容县，可静闻和顾行都生病了，徐霞客便将他们暂时留在船上，自己下船去寻找住宿的地方。

进了县城，街道两边的店铺冷冷清清，多数百姓还住着破旧的茅草屋。徐霞客转了一圈，打听到从这里去柳州府城，还要逆行几十里水路，三天之后才能到达。而城中并没有客栈，那些草屋显然也不适合病人居住。他只好在城中找了个挑夫，又给静闻预定了一匹马，然后原路返回，在船上将就了一夜。

次日清晨，马牵来了，挑夫也挑起了担子，准备上路。可是静闻的身体很虚弱，一上马就跌了下来。徐霞客打算将马换成马车，别人却说马车颠簸得厉害，病人吃不消。徐霞客只好花重金找来三个轿夫，请他们吃了顿饱饭，抬着静闻上路，让顾行和挑夫跟在轿子后面，自己则先行一步，找个合适的地方等候他们。

徐霞客独自走了二十多里，过了柳江又走了几里，到罗山一带才停下来。在一棵大树下一边休息，一边等候静闻的轿子。他等了很久，也不见轿子的踪影，于是起身朝罗山东麓走去。他此前曾听人说，那里有个罗洞岩很是奇异，只要找到一座牌坊，就能找到罗洞岩。

他走了些山路，果然看见一座牌坊，上面大书"第一仙区"，后面便是山洞。他往洞里走了几步，就被两扇上了锁的木门挡住了去路。他翻过木门，只见里面又宽敞又明亮，还有一张摆着毛笔和砚台的桌子。然而，越往深处走，光线就越暗。徐霞客摸索了很久，也没有找到可以继续深入的地方，只好回到洞外，拨开草丛，沿着一条陡峭的山路往上走。走到一半，山雨骤降，徐霞客急忙背靠危崖坐下来。忽然，他看见下方山洞北边的平地中有一片翠绿的草丛，颜色与四周的草木截然不同。过了一会儿，那一片翠绿又绕成一个圆圈，色彩斑斓，交相辉映，从上面望过去，好像帷幕回绕合在一起。徐霞客揉了揉眼睛，再要看时，那景象却如幻影般忽然消失了。

原典精选

东望隔江，石崖横亘其上，南寨山分枝耸干，亭亭露奇。共五里，乃西向逾①坳入，则石峰森立，夹道如双阙。其南峰曰罗山，山顶北向有洞，斜骞②侧裂，旁开两门，而仰眺无跻（jī）攀路，西麓又有洞骈（pián）峙（zhì）焉。

注释

①逾：越过。
②骞（qiān）：高举。

译文

隔江东望，石崖横亘在江岸上，南寨山分出支脉，主峰高耸，亭亭玉立，露出奇异的姿态。走了共五里，于是向西越过山坳进山，就看见石峰森然矗立，夹住道路，就像两扇宫门。那南面的石峰叫罗山，山顶的北面有个洞，斜斜地高张着，从侧面裂开，旁边开有两个洞口，然而抬头眺望却没有攀登的道路，西麓还有个洞并列在那里。

罗山→柳州

徐霞客下罗山后休息了很久，此时还是没有静闻的消息。他很不放心，于是向西疾行，逢人便打听静闻的下落。

一个人告诉他："没看见轿子，倒是看见一个和尚躺在牛车上面，病恹（yān）恹的。"

"哎呀，可恶！那些人见静闻好欺负，私下把轿子换成了牛车！"徐霞客恨得咬牙切齿。他顾不上探察山川，加快了脚步继续往西。徐霞客走了五六里，看见一条江，这便是柳州府城东面的柳江。他渡江上岸，进入府城四下打听，好不容易才找到顾行借宿的寓所。

可顾行病得越来越严重，他自顾不暇（xiá），更别说知道静闻的下落了。徐霞客一路问到开元寺，寺里的僧人说静闻来过寺里，但早就离开了，建议徐霞客去千佛楼和三官堂找找，因为当地只有这两个地方可以接待四方来客。

"师父，请问宝寺有没有接待一个江阴来的病和尚？"徐霞客来到千佛楼询问。

"敝寺近几日没有接待过外地的僧人。"

千佛楼没有静闻的消息，徐霞客又去三官堂打听。三官堂的僧人说："有一个外地和尚住在僧房中，请随我来。"

徐霞客喜出望外，跟着走到僧房中，进门一看，却仍然没有。这时天已黄昏，徐霞客心急如焚，急忙回到开元寺。他想，附近也许还有人见过静闻。

在开元寺东边的一口水井旁，一个人告诉徐霞客，曾在江边见过静闻。徐霞客睁大眼睛，急忙追问："江边可有什么寺庙？"

那人答道："只有一座天妃庙。"

徐霞客匆匆道了谢，摸黑赶到天妃庙，果然找到了静闻。静闻面无血色，靠墙坐在一张破床上。徐霞客上前握住他的手，问道："你怎会来到这么难找的地方？"

静闻叹了口气，含泪解释道："那些人用牛车把我送到对岸，只派一个人拿了行李与我乘船同行。他们怕在路上碰见你，因此故意绕到这座小庙，把我的行李押在这里换了些钱就走了。"

徐霞客听了气不过，想骂静闻愚蠢，又不忍心说出口，便扶他躺下了。

这一夜，月光分外明亮，照着寺外破败不堪的竹篱笆，无比凄清。徐霞客失眠了，心中涌起一种从未有过的孤独。

柳宗元与柳州

唐代著名文学家柳宗元在湖南永州度过了十年艰苦的贬谪（zhé）生活之后，终于被朝廷下旨召回。他经过一个多月的跋涉，好不容易回到长安，却立即遭到了政敌武元衡等人的仇视，很快又被贬为柳州刺史。在柳州，他革除弊政、兴办学堂，又带领百姓开垦荒地、广植柳树，做了许多有益于民生的好事，被人们称作"柳柳州"。后来，他因病在柳州去世，当地百姓十分感念他，便为他建起了柳侯祠。时至今日，柳州仍有柳侯祠，并已成为著名的旅游景点。

柳州→读书岩→赤龙岩

静闻在天妃庙躺了好几天，本来病情有所好转，但他听信偏方，服用了一些雄黄与菖（chāng）蒲，身体愈发糟了。徐霞客给静闻请来大夫，开了些药。又打算给钱，让天妃庙里的和尚买些杂粮、豆芽和鲜姜，做些粥、菜给静闻吃。又了解到之前给那和尚买米的钱却只买了面饼，徐霞客担心重蹈覆辙便没有给和尚钱。和尚还按当地习俗蛊（gǔ）惑静闻吃肉治病。静闻这时已经病得神志不清了，听了那和尚的话，便责怪徐霞客吝（lìn）惜钱财，不管他的死活。徐霞客无可奈何，只好离开。

徐霞客心情烦闷，在附近的山洞中草草游了半日，仍是不放心静闻。他下山买了豆子和蔬菜，再次来到天妃庙看望静闻，想用钱赎回静闻的行李，带他去城里养病。可是庙里主事的和尚知道徐霞客的来意，故意躲着不出来。徐霞客耗到深夜，眼看宵禁将至，只好急匆匆回到城里，饿着肚子躺下了。

次日，徐霞客见顾行好了些，便让他去给静闻送些钱粮。顾行正要出门，静闻忽然来了，行李却都丢弃在天妃庙里。徐霞客让静闻留了下来，又嘱托寓所的主人照顾好两个病人。自己则背着包袱出了城门，乘船前往融县。

几天之后，徐霞客在和睦墟下了船，却和船走散了。

> **"仙田"是什么**
>
> "仙田"属于喀斯特地貌（岩溶地貌）的一种，又叫仙人田、石田、石田坝。由于溶洞底部通常是凹凸不平的，容易形成一块块又小又浅的积水区，其中含有碳酸盐的水在积水区的边缘处蒸发速度较快，从而沿着边缘析出结晶，经过长时间的累积，便会呈现出一块块形似阡陌纵横水田的特殊景观，因此有"仙田"之称。

于是跟着一个姓陆的人走了二十多里,来到陆家借宿。陆家住在深山里,离融县县城有十五里路。徐霞客听陆家人说,附近有个奇特的岩洞,名叫读书岩,便想去一探究竟。次日,他跟着向导来到读书岩,果然有些看头。岩洞有两个离得很近的洞口,洞外有并列的山崖作为屏障,洞中又有洞,不甚宽敞,但却十分明亮。洞顶下垂的莲花状钟乳石与洞底的石笋像钩子一样连在一起,若即若离。

离了读书岩,又到赤龙岩。岩洞北边突起两座山峰,如左龙右虎,将岩洞夹在中间。沿着洞内平缓的道路步步深入,洞底渐渐也变得凹凸不平,形成了许多积水的"仙田"。

向导说:"再往里走,就完全看不见东西了。里边的洞口收得很紧,只能伏在地上钻过去,过去之后是一个又大又空的洞穴,可以通向其他石洞。只是我们没带火把,还是去其他地方转转吧!"

真仙岩→老人岩

峰回路转，徐霞客跟着向导翻山越岭，终于来到了真仙岩。真仙岩洞口浑圆，一条小溪从洞中流淌出来，前边有座拱桥横跨在溪流之上。

进入洞内，只见一半是水，一半是高出水面的平坦石崖。从石崖进去好几丈远，道路忽然转向两侧，西侧由一个石洞通向一间僧房。徐霞客没有犹豫就往另一侧去了，他知道只有那一侧才能抵达洞穴的深处。

才走数十步,徐霞客便看见一根巨大的石柱悬在当中,上面像是被宝石与璎珞点缀着,下面形如青牛、白象。稍远一些,还有长着白眉与白须的"太上老君",面对石柱正襟危坐。深入岩洞内部,原先宏伟的殿堂却突然幽闭起来,曲曲折折地分出许多门扉与窗户,各种各样的钟乳石极尽缤纷的形态。

只可惜没有火把,不得深入。徐霞客只好返回了。

回到僧房,与僧人参慧吃完午饭,徐霞客便打发向导回去,独自取道下廓(kuò),来到老人岩的前洞口。这个洞口藏在一座佛龛的后面,徐霞客穿过佛龛,从前洞走到后洞,见后洞也被一座佛龛挡住了,使原本通透明亮的岩洞变得昏暗无光。他有些失望,于是回到真仙岩,住在参慧的僧房中。随后几天,徐霞客在真仙洞中抄录碑文。

一日早晨起来,参慧已经备好了火把,要带徐霞客去游览真仙岩深处的暗洞。徐霞客很高兴,快速吃了早饭,跟随参慧进入暗洞。

随着不断深入,洞内的石柱越来越密集,孔窍也越来越小巧。徐霞客与参慧弯弯转转地出入在幽深的缝隙间,恨不得走遍每一个角落。

忽然间,火光之中出现了一片模糊的亮光,徐霞客凑近一看,吓得一连退了好几步,差一点儿就喊出声来。原来是条巨蟒横卧在那里一动不动,看不见头,也看不见尾。

二人屏住呼吸,小心翼翼地跨过巨蟒,继续向前。走了很远,徐霞客才问参慧:"还有别的路可以绕回去吗?"

参慧笑道:"没有!那位长长的老兄,还等着我们再回去见它呢!"

真仙岩的传说

根据《徐霞客游记》的记载,相传太上老君南游时来到了融州(融县古称,即今广西壮族自治区融水苗族自治县)的真仙岩。他对人说:"此地山势巍峨,溪流清澈而深邃,是洞天之中景色最优美的地方。"于是他不再往西,决定在真仙岩隐居。后来,他的身体就在岩洞中变成了石头,他的炼丹炉和鞋印也在洞中留存下来。

真仙岩→铁旗岩→古鼎村

徐霞客在真仙洞拓了几日碑文后，决定前往铁旗岩探访。

这一天，他冒雨走了几里路，抵达铁旗岩的时候，浑身已经湿透了，可是岩洞外面的大门紧闭，门扣被绳子缠住了。他找不到其他避雨的地方，索性解开绳子，推开洞门进去了。

洞内不大宽敞，也没有奇异的景观，但许多神像错落有致地摆放着，倒也掩映成趣。原来，铁旗的名字，是以山峰著名，而非以岩洞著称。转入右侧的岔洞，眼前忽然出现一座楼阁，里面放着炊具和一张挂着蚊帐的小床。徐霞客登上楼阁，脱下衣服，拧干后晾在窗口，又取来阁中僧人的衣服披在身上，等候主人归来。

到了中午，一个头戴斗笠的僧人背着一筐木耳回来了。他见洞门大开，本就有些不悦，及至看到徐霞客穿着他的衣服坐在楼阁里，心中更是窝火，便故意加重步子，往楼阁里走。

徐霞客听到脚步声，急忙迎出去，先行了礼，然后说道："师父，在下擅闯宝地，实在是冒犯了，还请师父原谅。"

那和尚也不客气，绷着脸道："门也进了，衣服也穿了，还有什么宝地不宝地的。"

徐霞客又解释道："师父莫怪，在下实在是又冷又饿，无处避雨，才出此下策，想等师父回来了，叨扰一碗饭吃。"

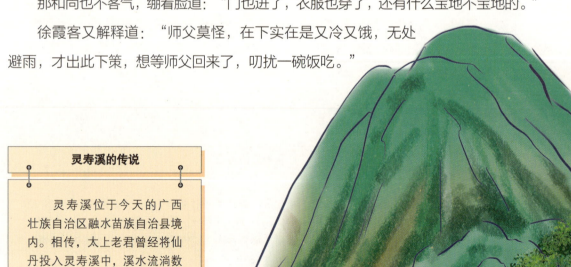

灵寿溪的传说

灵寿溪位于今天的广西壮族自治区融水苗族自治县境内。相传，太上老君曾经将仙丹投入灵寿溪中，溪水流淌数里后，向东流入真仙岩。岩洞中的人喝了灵寿溪的水，都变得长寿。

和尚道:"出家人哪来的余粮!"

徐霞客明白和尚是故意这样的。他等那和尚消了气,便凑过去有一搭没一搭地跟和尚说话。和尚一听,觉得很合拍,态度立马就好了,急忙煮了木耳,取米下锅。

饭后,雨渐渐停了,徐霞客辞别和尚,下到一个名叫古鼎的村庄。他只要再走几里路,就可以渡过灵寿溪,返回真仙岩。可是村北的溪水已经没过了小桥,遑论更大的灵寿溪了。他卷起衣裤,将雨伞伸进水下试探深浅,小心翼翼地渡过了小溪。正好这时有个人从村外采竹笋回来,徐霞客便问起灵寿溪的水势。那人答道:"大溪过不去,你过了岭,沿着大溪北下,再涉过一条小溪,就能绕到真仙岩的东边了。只是要快些走,晚了就困在山里出不去啦!"

徐霞客道了谢,匆匆往岭上赶,虽然他知道,即使抵达真仙岩的东边,等待他的还有无数的荆棘,但是他再也不想回到铁旗岩那个平平无奇的山洞了。

附记：静闻之死

一行人乘船到达南宁后，顾行陪着静闻去了崇善寺养病，徐霞客独自住在城中的梁家客店，每日都去寺里看望静闻。寺里的僧人宝檀对静闻照顾有加，让徐霞客终于松了口气。

次日，徐霞客预先订好了船，又将钱财尽数取出交给僧人宝檀，嘱托他好生照顾静闻，然后离开了南宁。崇祯十年（1637）十月初八日，徐霞客在太平府听说了静闻的死，悲痛不已，彻夜未眠。十二月初十日，徐霞客再次来到崇善寺，经过询问才知道静闻在九月二十四日酉时就去世了（与徐霞客离开南宁只隔了一天），次日火化。

崇善寺的僧人反复推诿，不让领走静闻的遗骨。徐霞客明白他们是想要借机瓜分静闻的遗物，于是只领了袈裟与经卷，带着静闻的遗骨离开了这个凶险之地。

静闻是江阴迎福寺僧人，曾发愿要将刺血写就的《法华经》供于云南鸡足山。自崇祯九年（1636）九月至次年九月，徐霞客和静闻一起，走过了浙江、江西、湖南等地，他们跋山涉水，共同克服艰难险阻，彼此多有关照。静闻在广西南宁不幸去世后，徐霞客不忘他的嘱托，带着静闻的遗骨和经卷，继续向西。最终于崇祯十一年（1638）年底，到达鸡足山，将静闻所书《法华经》安放在悉檀寺，并将其遗骨葬在鸡足山文笔山山腰，从而完成了静闻的愿望。

畅游三里城

时间
明崇祯十年（1637）十二月二十三日至崇祯十一年（1638）二月十三日

地点
明属南丹卫三里城（今广西壮族自治区南宁市上林县境内）

主要人物
徐霞客、陆万里

出处
《徐霞客游记·粤西游日记四》

　　崇祯十年（1637），年关将至，徐霞客来到南丹卫的治所三里城。"卫"是明代军事防区的单位，下设千户所和百户所。在这之前，他就打听到镇守三里城的参将名叫陆万里，是南直隶镇江人，与他算是同乡。徐霞客主动拜访了陆万里，两人一见如故，很快就成了朋友。在长达五十天的时间里，陆万里或亲自或派人陪徐霞客游览了当地的许多名胜，如韦龟岩、独山岩、青狮岩、白崖堡岩洞等，又对徐霞客照顾有加，从馈赠礼物、安排食宿，到帮忙打点、派兵护送等，巨细靡（mí）遗，这让徐霞客这个年过半百的孤独游子深切地感受到了人情的温暖与游玩的畅快。

三里城→汛塘→韦龟洞→独山岩

清晨,徐霞客特意来到三里城的参将府,向参将陆万里道谢。这陆万里与徐霞客是同乡,又是个朴实好客的人。自打认识了徐霞客,便将他视为知己,对他照顾有加。徐霞客感念于心,故有此举。

二人见面叙了很久,至天色稍晴,便一同前往韦龟洞。走了五里,来到一个山坞(wù),只见路边有一个长长的水塘,陆万里道:"此为汛塘。每年涨水时,许多大鱼就从河里逆流而上,游进塘里。汛塘村的人趁机捕捞,往往渔获不少,因而多年以来并未将水塘垦为田地。"

两人边说边走,眨眼间就来到了韦龟村。韦龟村紧靠大山而建,村西便是韦龟洞的入口。最初进去时,徐霞客只觉得洞内又窄又暗。再走几步,钻出一个石缝后,洞顶便忽然盘绕而上,开出一个天窗,豁然明亮起来。徐霞客兴致高涨,与陆万里向北踏着石阶往上走,两旁是姿态各异的钟乳石,一直通往深处的平台。平台的前方,右边森然罗列着许多石柱,有些像经幢(chuáng),有些像伞盖;左边是许多层层叠叠的石块,移步去看,忽而像狮子,忽而似大象。

徐霞客赞叹道:"洞外阡陌交通,洞内别有天地,真是个世外桃源啊!"

陆万里笑道:"三里城别的没有,岩洞倒是有十多处。先生若有兴致观赏,陆某乐意奉陪!"

果然,过了十多天,陆万里又陪徐霞客去了独山岩和小独山岩。

独山岩与小独山岩隔水相望,其山腹有个南北贯通的岩洞。南边的洞口前,一块巨大的石头从洞顶分跨而下,隔出两个洞口,正洞口位于东面,偏洞口位于西南,都有老树古藤倒挂在洞口上方。进入洞中,便看见洞壁像合掌一般高高隆起。到了岩洞中间,又由一个石洞通向西边,继而转入北边的另一个石洞,抵达两座楼阁之下。如此弯弯绕绕,半日之间,二人几乎走遍了独山岩的每一条洞道,直到兴尽方才返回。

原典精选

木棉树甚高而巨,粤西随处有之,而此中尤多。春时花大如木笔[①],而红色灿然,如云锦②浮空，有白鸟成群，四面翔绕之，想食啄其丛也。结苞如鸭蛋，老裂而吐花，则攀枝花也，如鹅翎、羊绒，白而有光。

注释

①木笔：即辛夷。辛夷含苞待放时，花苞形如笔毫，其上有绒毛，故称木笔。
②云锦：彩云。

译文

木棉树很高很大，粤西到处都有，而这一带尤其多。春天时它的花朵大如木兰，而且红红的颜色鲜明艳丽，像彩云浮在空中，有成群的白鸟，四面绕树飞翔，想啄食树上的花丛。木棉树结出的花苞如同鸭蛋，成熟裂开后吐出花心，那就是攀枝花了，好像鹅毛、羊绒，白洁有光。

木棉花

白崖堡→青狮岩→杨渡

"伯恒,今日可有空闲?"见到陆万里刚成年的孙子陆伯恒前来,徐霞客问道。

"徐先生今日容光焕发,想必已经休息好了!那我们便走远些,去城南十六里外的白崖堡转转!这白崖堡有个三层高的大洞,还有一个深洞,洞内又分出两个支洞,可要费些脚力!"

徐霞客笑道:"正合我意,今日就与伯恒比比脚力!"

二人兴致勃勃,有说有笑,一连走了十六里,来到白崖堡。白崖堡就像一只腹内空空的巨虎蹲伏在众多山崖之间——那三层高洞,第一层是"虎口",第二层正处在

"老虎的喉管"之外；人从"喉管"外往上钻，出到"虎口"中，又由"喉管"往下走，便来到第三层——"老虎的肚子"里。第三层又分为前后两个洞，前洞连接"老虎的肚脐"，后洞通往"老虎的尾部"。在后洞以西三百步左右的地方，便是陆伯恒所谓"深洞"的入口。二人进洞没走几步，洞穴便横着分作两条通道，一条通向西南方，一条通向东北方。他们由西南方的通道往里走，才走几丈远，支洞又分为两层，下层藏着许多小洞。洞中峡谷石洞层层叠叠，盘绕交错，数以万计的石钟乳成团成簇地倒垂着，有的形似发簪，中间空如竹管，外面洁白如玉；还有的仿佛一朵白莲，细细的花瓣攒聚在一起，花萼平贴在洞顶上面，亦幻亦真。

次日，陆万里、陆玄芝兄弟二人来到。三人又带着侍从去了青狮岩，同行的还有三个指挥使。青狮岩是一座高耸的石山，山底有东、西两个洞口。东边的洞口平坦低下，洞口西侧有一排石柱从洞外开始排列，一直通向后洞，形成一条长长的走廊。而西边的洞穴高大险峻，下面有巨石盘结，重重叠叠，形成一个平台。由平台向北下去，幽深的洞穴中又出现一个平坦的洞穴，外边有巨石耸峙，以为屏障，下面却又十分通透，就像一座拱桥横跨空中。几人在洞中转了很久，感到累了，于是回到西洞的平台上，席地而坐，又吩咐侍从取来美酒，开怀畅饮。

徐霞客喝得有些迷糊了，因此当他们离开岩洞，来到杨渡观看渔夫打鱼的时候，他忽然觉得，从此隐居在三里城也未尝不可，于是对着江面嘀咕了一句："小舟从此逝，江海寄余生。"

石山与土山

徐霞客在《游记》中，总是说某山是一座"石山"，某山是一座"土山"。实际上，土山是页岩、砂岩和泥岩分布的地方，这些岩石比较松软，容易受到风化剥蚀，从而形成土山。而石山则是石灰岩分布的地方，这些石灰岩十分坚硬，能够抵抗剥蚀，因而形成的山体就比较峻峭。再加上石灰岩的主要成分是碳酸钙，容易被含有酸性物质的水流所侵蚀，因此这种石山的外形就会变得千奇百怪。

读到这里，这一分册的内容就讲完了。那么，大家对徐霞客探访过的岩石或溶洞还有哪些印象呢？下面就来做个小问答，请根据下面的图片和"提示"说出这些岩石或溶洞的名字吧。

① 原文节选：
"徐霞客和顾行一步一步弯腰下到洞底，洞底有个又矮又窄的洞穴。他们伏在地上，伸出火把匍匐前进。"

② 原文节选：
"他们一直向北，陆陆续续钻过石柱之间狭窄的通道，再次进入一个更加宽阔的山洞——上方是高不可攀的穹隆，下方深深陷入黑暗之中，看不见底。"

③ 原文节选：
"沿着洞内平缓的道路步步深入，洞底渐渐也变得凹凸不平，形成了许多积水的'仙田'。"

④ 原文节选：
"南边的洞口前，一块巨大的石头从洞顶分跨而下，隔出两个洞口……"

答案：①黄叶洞。②狮子崖。③非花岩。④骑山洞。

孩子看得懂的
徐霞客游记

访北方名山

大眼蛙童书 编绘

化学工业出版社

·北京·

图书在版编目（CIP）数据

孩子看得懂的徐霞客游记．访北方名山 / 大眼蛙童书编绘．—北京：化学工业出版社，2023.9
ISBN 978-7-122-43753-2

Ⅰ．①孩… Ⅱ．①大… Ⅲ．①《徐霞客游记》-少儿读物 Ⅳ．① K928.9-49

中国国家版本馆 CIP 数据核字（2023）第 120270 号

责任编辑：周天闻　　　　　　　插图绘制：袁微溪
责任校对：李露洁　　　　　　　装帧设计：尹琳琳

出版发行：化学工业出版社（北京市东城区青年湖南街 13 号　邮政编码 100011）
印　　装：北京宝隆世纪印刷有限公司
787mm×1092mm　1/16　总印张 17½　字数 290 千字　2024 年 1 月北京第 1 版第 1 次印刷

购书咨询：010-64518888　　　　　　　　　　　售后服务：010-64518899
网　　址：http://www.cip.com.cn
凡购买本书，如有缺损质量问题，本社销售中心负责调换。

定　　价：128.00 元（共四册）　　　　　　　　　　　　　　　　　　版权所有　违者必究

目　录

嵩门待月　/ 02

探访少林　/ 12

绝险华山　/ 20

行游洛南　/ 28

五台登顶　/ 35

北方第一山　/ 44

嵩门待月

时间
明天启三年（1623）二月十九日至二十二日

地点
明属开封府、河南府（今河南省郑州市新密市、登封市等地）

主要人物
徐霞客、僧人梵音、老樵夫（向导）

出处
《徐霞客游记·游嵩山日记》

明天启三年（1623）二月初一日，刚入仲春，风还有些料峭，36 岁的徐霞客走出家门，向着嵩山进发。他于十九日抵达郑州黄宗店，继续西行，过圣僧池，游天仙院，稍晚进入登封县境。他寻访石淙河，一洗尘目；又探访卢岩飞瀑，徘徊其下；他在浓重的大雾中攀登太室绝顶，又从险峻的石峡中畅行而下。他夜宿法皇寺，在山雨中与石峰对望，遐想一轮明月从那里升起时的景象；又漫步嵩阳宫遗址，于静默中追忆古昔，在脑海里细细临摹它盛时的模样。

黄宗店→圣僧池→天仙院→耿店

从二月初一走到十九，徐霞客终于抵达郑州一个叫黄宗店的地方。他没有停留，继续往西，不多久便登上一个石坡。在石坡的山腰处，一潭清澈的泉水映入眼帘，仿佛系在山腰上的一块碧玉，那是圣僧池。徐霞客驻足欣赏了片刻，便往山下望去。只

见深深的山涧高高低低、交错相通，涧里全都干枯无水。见此状，徐霞客便下到山涧中，顺着香炉山曲折地往南行进。

"山涧里的乱石是紫玉色的。"他边走边观察。

"若是有流水在山涧中奔腾，届时飞珠溅玉，绿波翻涌，该是何等景致啊！"他边走边想象。走了十里后，徐霞客又翻过一道山岭，又行五里进入了密县。抬头望望巍峨的嵩山，还在六十里外。徐霞客收回目光。往东南方的天仙院走去。

天仙院祭祀的是黄帝的三女儿。祠堂后面的庭院里，栽种着一棵白松。白松有四人围抱那么粗，分出三根枝干，每一根都高耸入云。白松的树皮柔滑如凝固的油脂，洁净如白粉傅面。松枝盘绕如龙，松针迎风飞舞宛若龙鬣，昂首立于半空。"真是奇观啊！"徐霞客默默赞叹。

游罢天仙院，徐霞客回到了密县县城西门。他继续向西，进入登封县境，来到一处叫耿店的地方。从耿店往南，是去石淙河的道路，于是在耿店歇息下来。

原典精选

白松在祠后中庭，相传三女蜕骨其下。松大四人抱，一本^①三干，鼎耸霄汉，肤如凝脂，洁逾傅（fù）粉，蟠（pán）枝虬（qiú）曲，绿鬣（liè）舞风，昂然玉立半空，洵^②奇观也！

注释

①本：草木的根。
②洵：实在，真正。

译文

一棵白松长在祠堂后面的庭院中，相传黄帝的三女儿在这棵树下成仙。白松有四人合抱那么粗，一个树根分出三根树干，三干鼎立，高耸入云；树皮柔滑得像凝固的油脂，光洁得胜过搽了粉；盘曲的枝条如同虬龙，绿色的松针迎风飞舞，昂首挺立在半空中，真是奇观啊！

耿店→石淙河→卢岩寺→中岳庙

峡谷之中，只见一块块巨石在水中巍然屹立，气势非凡！山脊上的徐霞客止住脚步，雀跃不已："这便是石淙河了！"

石淙河原本是一条潜流，流到这里遭巨石阻拦，在石下透出，便汇积成潭，从此水石交融，变化万千。徐霞客兴致勃勃地观赏着水中之石：有的像一头饮水的犀牛，有的像一只趴伏的老虎。低的是小岛，高的是石台，巨石形成一个个可供探古寻幽的石窟、石洞……流水和巨石二者，石立水上，水随石绕，有姿有色，石为筋骨，水为肌肤，真是妍丽之极！徐霞客越看越喜欢，当晚，他在日记中这样写道："想不到在茅草、芦苇中，竟有这般美景，顿时令人一洗尘目！"

告别石淙河后，徐霞客向西而去，经告成镇，暮色四合时抵达中岳庙。在庙门前踟蹰片刻，便转身奔往十里外的卢岩寺。

卢岩寺旁，有流水从山崖上飞泻而下，坠入峡谷，铿然作响。徐霞客走进峡谷，看到水汽氤氲，宛如云霞，瀑布悬垂其间，仿佛一条白练凌空飘舞，这是山崖的形状造成的——上部下覆，下部凹削，故而流水下坠时无所凭依。徐霞客出神地看着，脸上不时传来一点湿润的凉意——那是瀑布飞溅的如细雨般的水珠。

"先生，请用茶。"卢岩寺里的僧人梵音将徐霞客拉回了现实。

徐霞客连忙转过身来道谢："多谢梵音师父！"

意识到天色已晚，用过茶点后，徐霞客便匆匆赶回了中岳庙。

周公测景台与观星台

告成镇保存有两处文物，分别是周公测景（"景"通"影"）台与观星台。

周公测景台是纪念性建筑，由唐代天文官南宫说修建，纪念周公测日影定地中（即大地的正中）一事。周公测日影利用的是一种叫作圭表的仪器。圭表由两部分组成：一为直立在平地上的杆，叫作表；一为正南北方向平放的尺，叫作圭。圭和表互相垂直，组成圭表。周公测景台是仿周公旧制而建的圭表，它所在的位置便是周公认为的地中。通过圭表测影，人们可以确定二十四节气，进而指导农业生产。

观星台位于周公测景台以北约20米处，是元代天文学家郭守敬对圭表进行改良的成果。他把表高由常规的8尺增加到36尺，又在表的上方悬空架起一根横梁，从梁心到圭面共40尺。然后，为了克服表高影淡的缺点，他又根据小孔成像的原理创制了景（"景"通"影"）符。这些改良措施使得测影精度大大提高。

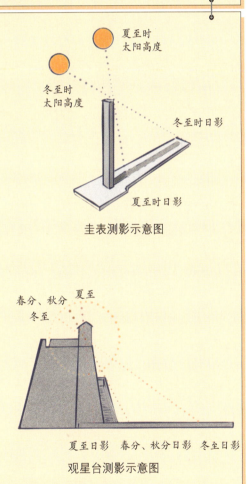

圭表测影示意图

观星台测影示意图

登高岩→白鹤观遗址→太室山绝顶→法皇寺

太室山上，徐霞客跟着向导——一个老樵夫艰难地向上攀登着，身影在雾里若隐若现。

两人时上时下，时东时西，过了登高岩，走进一个空阔深远的山洞，随即被山洞里的一道断崖拦住了去路。

"这么宽的距离，该怎么过去呢？"徐霞客眉头紧锁。就在这时，身旁的人影突然一闪，"嗖"的一声，老樵夫稳稳当当地落到了对面，简直像猿猴一样敏捷！

老樵夫在对面寻来两根木头，架在断崖上方，让徐霞客走了过来。出了岩洞，二人继续往前走了二里，途经白鹤观遗址，向北又行三里。"终于登上太室山的绝顶啦！"徐霞客长舒一口气，脸上露出了笑容。山顶的真武庙旁边有一口井，据说是宋真宗在这里避暑时挖的，井水十分清亮。

在真武庙吃过午饭，徐霞客向老樵夫问起下山的路。老樵夫说："走正道的话，是从万岁峰到山脚，有二十里。如果顺着西沟悬空滑下去，可以省掉一半路程，只是路很险。"

"嵩山也有险峻的地方吗？那我一定要见识见识。"

峻极峰

太室山有三十六峰，以峻极峰为最高，海拔1491.7米。峻极峰之名出自《诗经·大雅·崧高》的起首二句："崧高维岳，骏（峻）极于天。"以"峻极"命名，可见古人对其高度的认可。古人相信，在高山上祭祀，所告之事、所求之福更易于"上达天听"，因此峻极峰便当仁不让地成为古代帝王在嵩山的封祭（即祭天）场所。武则天便在峻极峰上进行过封祭，不仅如此，她还曾差人将一枚金简投于峻极峰，金简上表达了她祈求除罪以消灾的愿望。1982年5月21日，这枚金简在峻极峰的一条石缝里被发现。

徐霞客仰面滑行在峡谷中，发现两边的崖壁高得几乎逼近天际！随着高度不断下降，他看到雾气渐渐散开，景色也变得愈发奇绝，不过他根本没有办法停下来欣赏，他刚滑出一道峡谷，马上又转入另一道峡谷，眼睛不敢斜视，脚步不容止息！

十里之后，二人终于抵达平地。他们沿着正道往下走，不久便走到了法皇寺，正逢山雨忽降，便在寺里住了下来。寺东石峰对峙，月亮初升时，正好照在峡谷中间，因此有"嵩山待月"之称。现在徐霞客面对峡谷而坐，只见云气出没，他暗暗感叹："哪里敢想自己是从那儿下来的呀？！"

嵩阳宫遗址→中岳庙→会善寺→少林寺

徐霞客徘徊在嵩阳宫遗址上,四周阒然无声。汉武帝所封的三棵将军柏依旧茂盛,大的已有七人围抱那么粗,可是却因身在荒废的嵩阳宫中而无人问津,让人不禁兴"寥落古行宫,宫花寂寞红"之感。

徐霞客缓缓地踱着步子,越过柏树往北走去。三间房屋伫立在那里,屋内供奉着程颐、程颢。两位先生在这里讲学十余年,受业生徒达数百人且多有所成。试想当年,青年学子在这里高谈阔论,该是何等朝气蓬勃,可如今人与物俱已湮没在历史的尘埃中。徐霞客轻轻地叹了口气,离开了房屋。

他继续在附近游荡,一根被泥土掩埋大半的石柱引起了他的注意。徐霞客走近去看,发现上面刻着文字,但大多已经漫漶不清。他仔细辨认,认出了一些宋人的名字,其中有北宋名臣祖无择、苏才翁等。看罢石柱,徐霞客环顾四周,又发现挺立着的两块石碑,一块雕工精湛,一块书艺纯熟,昭示着嵩阳宫旧日的高雅格调。

宋初四大书院

北宋初年，朝廷尚无暇顾及教育事业，一些学者便于山林闲旷处创办书院，授业讲学，形成了一批颇具影响力的书院。其中河南登封的嵩阳书院、江西庐山的白鹿洞书院、湖南长沙的岳麓书院、河南商丘的应天书院被并称为"四大书院"。

白云悠悠，徐霞客沉浸在怀古的思绪中，时间很快就过去了。转眼已近正午，他离开嵩阳宫遗址，向中岳庙赶去。

下午，徐霞客收拾起寄放在中岳庙中的行李，动身前往少林寺。在去往少林寺的途中，还有一座叫会善寺的寺庙，也曾盛极一时，徐霞客决定前去参观一番。

在会善寺，徐霞客看到了元代僧人释溥光所书的《茶榜》碑。溥光以书法闻名，他的字骨力遒劲，《茶榜》便是金石书法的名品。在《茶榜》不远处，另有一块石碑扑倒在地，那是唐朝贞元年间刻的《戒坛记》。戒坛遗址就在西边，雕刻精致工整的石头散落在荒草碎石间，令人感慨。

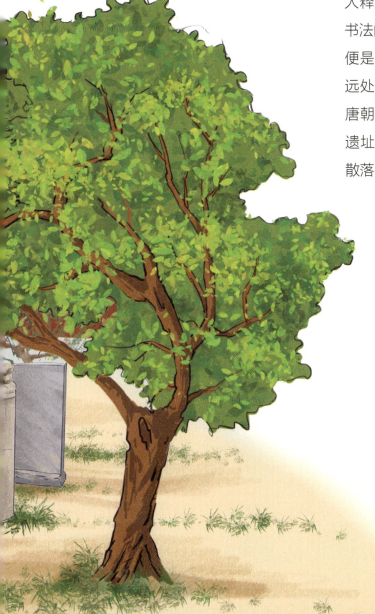

探访少林

时间
明天启三年（1623）二月二十三日至二十五日

地点
明属河南府（今河南省登封市）

主要人物
徐霞客、少林寺僧人、茅庵僧人

出处
《徐霞客游记·游嵩山日记》

　　天启三年（1623）二月二十二日午后，徐霞客离开中岳庙，傍晚抵达少林寺，开启了为期两日半的少室山之旅。在少室山，他感受了强风吹拂，看到了大如斗的老虎脚印，在山间的茅庵中自己生火做饭，像长臂猿一样抓住树枝悠荡着前进……这些经历虽然算不上惊心动魄，却也有一种别样的趣味。二十五日下午，他骑马离开了少林寺，经伊阙前往西岳华山，开始了下一段旅程。

少林寺→炼丹台→少室山北顶→摘星台

徐霞客刚一进少林寺,便向僧人打听上少室山的路。众僧知他准备上山,纷纷摇头,说:"去年冬天雪下得大,只怕此时山路阻绝,少室山定然是上不去的。"徐霞客笑而不答,只是坚持问路。

次日,云雾尽散,两天来一直暗淡的天色焕发出光彩,爽朗极了。徐霞客心情大好,笑道:"有这样的好天气,说什么都不能阻止我上山了!"

于是,他带上登山杖从寺南出发,跨过一道山涧,往山上走了六七里,到达二祖庵。二祖庵旁有一处深坑,他艰难地下到坑中,从那里爬上了炼丹台。炼丹台三面悬空,一面倚靠着青翠的崖壁。台上有个亭子,叫小有天。徐霞客在亭子里坐下来休息,发现游人的足迹似乎从来没到过这里。王安石的那句话突然从脑海里跃出来:"夫夷以近,则游者众;险以远,则至者少。"

在亭中休息好后,徐霞客手脚并用,沿石脊攀爬七里,登上大峰,又穿越草丛荆棘,行五里,终于抵达少室山北顶。少室山顶从中裂开,横断为南北两个部分,南顶和北顶前沿相距仅八尺到一丈,中间是深深的崖谷。崖谷中突起一座山峰,高出众峰之上,这便是人们所说的摘星台,也是少室山的正中央。

摘星台和北顶断开,人无法跨过。

徐霞客站在北顶，察看该怎么过去。低头看向崖谷时，发现二者竟有一丝相连之处，徐霞客心下大喜，旋即脱掉衣服，顺着它登上了摘星台。南顶的九峰森林般峙立于前，北顶的半壁横列屏障于后，东西两侧都是深坑，低头看不见底。徐霞客站立在山巅，一阵狂风忽然刮来，他感到胁下仿佛生出了双翼，有那么一瞬间，几乎想要乘风而去了。

原典精选

绝顶与北崖离倚，彼此斩绝不可度。俯瞩其下，一丝相属。余解衣从之，登其上，则南顶之九峰森立于前，北顶之半壁横障于后，东西皆深坑，俯不见底，罡（gāng）风①乍至，几假翰②飞去。

注释

① 罡风：道家所谓极高处的强风。这里指劲风。
② 翰：长而硬的羽毛。

译文

绝顶与北面山崖若即若离，彼此断开，没有办法过去。低头看绝顶下面，有很少的一点和北面山崖相连。我脱掉衣服沿着它走，登上绝顶，只见南顶的九峰森林般耸立在前面，北顶的半壁屏障般横列在后面，东西两面都是深坑，低头看不见底，劲风突然刮来，我几乎想要借着翅膀飞走了。

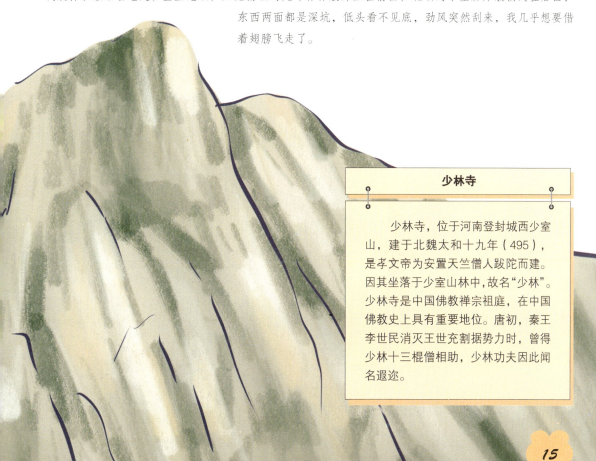

少林寺

少林寺，位于河南登封城西少室山，建于北魏太和十九年（495），是孝文帝为安置天竺僧人跋陀而建。因其坐落于少室山林中，故名"少林"。少林寺是中国佛教禅宗祖庭，在中国佛教史上具有重要地位。唐初，秦王李世民消灭王世充割据势力时，曾得少林十三棍僧相助，少林功夫因此闻名遐迩。

摘星台→茅庵→少林寺→初祖洞→大屯

爬了一上午的山，徐霞客这会儿又饿又渴，他快步往前走去。正走着，他忽然看到地上有几个硕大的老虎脚印！徐霞客又惊又怕，不禁在草丛中疾行起来，五六里后，终于见到一处茅庵，这才松了一口气。

"咕噜噜……"肚子传来一阵叫声，徐霞客已是饥肠辘辘。他从庵旁捡来柴草，用打火石引燃，把带来的大米煮成白粥，一连喝了三四碗，饥渴的感觉才消失。吃饱饭后，只觉得浑身精力充沛，他向庵中的僧人问了前往龙潭沟的路后，便下山去了。

徐霞客沿着峰脊往下走，渐渐地，峰脊开始变得狭窄，泥土和岩石交替出现，地上荆棘丛生、藤蔓蔓延。徐霞客无处下脚，只好借助树枝悠荡着前进，却没想到前方竟是一道断崖，断崖之高令人望而生畏。徐霞客发出一声长叹，不得不回过

一苇渡江

达摩，全名菩提达摩，中国南北朝时期印度禅僧，中国禅宗初祖。梁普通八年（527），达摩由海路抵达南海（今广东省广州市），后梁武帝萧衍将其请至金陵（今江苏省南京市），然而二人谈话并不投契。达摩悄然离去，行至长江而没有舟楫，便折下一苇（唐代学者孔颖达说："言一苇者，谓一束也。可以浮之水上而渡，若桴筏然。非一根苇也。"），踩着它凌波而渡，飘飘然有神仙之概。

头去，重新找了一个山势蜿蜒的地方往下走，谁知竟再次遇到了断崖。就这样，他来来回回好几次，才绕过一道山坳。又走五里，到了龙潭沟，经龙潭沟回到了少林寺。徐霞客进了禅房，倒头就睡，他实在是太累了！

次日上午，徐霞客又参观了初祖洞、初祖庵和甘露台等地。相传，达摩祖师在初祖洞中面壁修禅长达九年，年深日久，石头上竟然映出了他的身影。在初祖庵中，徐霞客见到了这块石头。初祖庵中还有一棵颇有来历的柏树，据说树苗是六祖慧能用钵装着从广东带来的，现在已有三人围抱那么粗。徐霞客走马观花，在正午之前逛完了这些地方。他回到寺里，在僧人瑞光的僧房中吃了午饭，下午便离开少林寺，骑着马往大屯赶去了。

大屯→伊阙

"咕噜咕噜……"客房里传来漱口的声音,徐霞客起床了。收拾好行李后,徐霞客来到客堂。

"小哥,我的马喂好了吗?"徐霞客坐在桌前,向端来早饭的店小二问道。

"客官放心,马厩里的马儿我刚喂过。"

徐霞客吃过早饭，便带上行李，骑着马儿往西南而去。仲春之末，风景如画，徐霞客边走边看，马蹄声节奏轻快。大约两个小时后，徐霞客抵达伊阙。

"伊阙，'伊'是指伊水；'阙'本指古代宫殿前的建筑物，左右各一，这里两座青山对峙，倒也真像是一对'阙'……"徐霞客看着眼前的山水，会心一笑。

伊水在"双阙"之间的河道上静静流淌，宽阔的水面上架着一座木桥。徐霞客走上木桥，向西岸而去。

较之东岸，西岸的崖壁更加陡峭、高耸，仿佛一把斧头直接从山顶劈下。崖壁上密密麻麻全是凿出的窟龛——大的有几十个，高达数十丈，小的更是不计其数。大大小小的窟龛里全都刻着佛像，即便是一尺一寸的地方，也都刻满了。

"此间佛像，如此之多，如此之大，又如此之美，真是前所未见！"徐霞客在人群中发出了赞叹。

山前，人挤着人，车挨着车，是楚、豫通往潼关的大路。徐霞客从这里取道去西岳华山。在熙熙攘攘的人群中等候时，他看到崖壁的南边有一条泉水流下来，水先是汇入方池，溢出来的便泻入伊水，随水流北上而去了。

龙门石窟

徐霞客在伊阙所看到的众多窟龛是著名的龙门石窟。龙门石窟位于河南省洛阳市南约6千米处，开凿于北魏孝文帝迁都洛阳之际，以后东魏、西魏、北齐、隋、唐诸朝继续营造，最终形成南北长达1千米的石窟群。2000年，龙门石窟被列入《世界遗产名录》。在龙门石窟2300余个窟龛中，奉先寺卢舍那大佛是规模最大、最为典型的精品。

绝险华山

时间
明天启三年（1623）二月末至三月初三日

地点
明属西安府华州华阴县（今陕西省华阴市）

主要人物
徐霞客、向导、李姓道士

出处
《徐霞客游记·游太华山日记》

天启三年（1623）二月的最末一天，徐霞客进入潼关，初十日出陕西界，游程共十一天。游程分为三段，从二月末到三月初三日是第一段，游览太华山（即华山）。这也是本章所讲述的内容。第二、三段游程将在下一章中讲述。

二月的最末一天，徐霞客走过战略要地潼关，通过实地考察验证了书本中的知识；三月初一日上华山，爬了一条又一条险峻的栈道，终于在天黑前抵达东峰；初二日，遍览南、西、东三峰，次日下山。徐霞客对华山景物的描摹不多，重在客观地记录。

西岳庙→十方庵→莎萝宫→青柯坪→千尺幢

屋内,一盏油灯的光亮阻挡了夜色的入侵。徐霞客坐在桌前,自言自语道:"潼关,三秦之锁钥。黄河南下,至潼关而东转。华山在其南。黄河难渡,华山崔嵬(wéi),潼关正是'一夫当关,万夫莫开'之地。"说罢,在纸上写了起来。

写了一会儿,停下笔来,他稍作思索,继续写道:未到潼关时,在百里之外便看到华山高耸入云。过了潼关后,……,来到华山脚下,这时再看,便是座座山峰有如片片岩石莲花瓣。华山,不仅东、南、西三峰绝美,东西外围相互簇拥的众多山峰,也都是刀削一般层层空悬。连北面不时出现的低矮土山,到了这里也完全露出岩石,准备与群峰争雄竞秀,一较高下。

写完后,徐霞客起身来到窗前。月末的夜里,一切都融于黑暗,华山虽在不远处,却也是不可辨的。他空望了一会儿,便收拾起纸笔,熄灯去睡了。

一觉醒来,时间已经到了三月。

徐霞客走出西岳庙,来到十方庵,在这里觅得一位向导,便出发前往华山。两人来到一个山谷入口,从那儿进了山。山谷中流淌着一条小溪,两人沿着溪流往深处走,路过了玉泉院,前行十里,来到了莎萝宫。

"路开始变陡了,先生走的时候当心些。"

"欸。"徐霞客应道。

不久,两人上到了青柯坪,路稍稍变得平坦了些,然而五里之后,过了寥阳桥,路便彻底断了——呈现在他们眼前的是一条夹在两堵峭壁之间的石缝,陡峭异常,一眼望不到头,而可供借力的只有一条铁链和一些粗凿的石窝。

"这便是千尺幢(chuáng)了,登华山的第一道险关。"徐霞客听向导如是说。

原典精选

未入关,百里外即见太华岘[①](wù)出云表;及入关,反为冈陇所蔽。行二十里,忽仰见芙蓉片片,已直造其下,不特三峰秀绝,而东西拥攒诸峰,俱片削层悬。惟北面时有土冈,至此尽脱山骨,竟发为极胜处。

注释

①屼：高耸。

 译文

还没进入潼关时，在百里外就看见华山高耸入云；等到进了潼关，华山反而被低矮的山冈遮住了。走了二十里，一抬头，忽然看到一座座莲花瓣一样的山峰，原来已经抵达华山脚下。华山不是只有东、南、西三峰秀美无比，东西簇拥攒聚的众多山峰，也都是刀削一般层层空悬。只有北面不时出现的低矮土山，到了这里也完全露出岩石，与群峰争雄竞秀。

华山

华山是秦岭的一部分，属于秦岭东段。因峰峦聚集如莲花，故名"华山"（古代"华"通"花"）。《水经注》引用《山海经》中的记述："其高五千仞，削成而四方，远而望之，又若华状……"郦道元认为这说的便是华山。华山主峰是南峰，海拔约2160米，也是五岳的最高峰。华山绝壁如削、危崖千尺，被称为"奇险天下第一山"。

25

千尺幢→苍龙岭→迎阳洞→南峰→西峰→十方庵

向导在前，徐霞客在后，两人手抓铁链，脚踩石阶，开始往上爬。

山中幽静，没有鸟叫，也没有虫鸣，只有铁链发出沉闷的响声。

渐渐地，两人越爬越高。徐霞客累了，便站定休息。他擦了擦汗，扭过头无心地向后扫了一眼。正是这一眼，让徐霞客产生了一种错觉，他感到脚下的"梯子"似乎正在往后倒去。徐霞客心下一惊，急忙回头往前靠了靠。过了一会儿，他才心有余悸地感叹道："千尺幢实在是陡！"

徐霞客继续往上爬，只是更加小心谨慎了些。千尺幢石阶凿得浅，只容得下半只脚掌，待爬到尽头时，腿肚子已是止不住地发抖。

两人好好休息了一会儿，接着便一鼓作气，攀上百尺峡，登上老君犁沟，越过猢狲愁，来到了苍龙岭。只见一条山脊直上云天，两旁山谷既广且深，恰似一条巨龙腾空而起。

离开苍龙岭，过老君犁沟又行五里，二人来到三峰脚下。

两人随后朝着东峰走，先到了玉女祠。之后来到了迎阳洞，得道士留宿，当晚便住在洞中。第二天，道士同往，三个人一同游历了三峰。他们先是去探访了南峰的一间石室，石室由元朝的一位道人开凿。三人费了一番力气才抵达那里：从山北爬上山顶，再顺着南面的山崖悬垂而下。

从石室回到山顶，三人看了仰天池和黑龙潭。仰天池是华山之巅的一处小小石凹，凹中之水不溢不枯，终古如此，传说太上老君常引此水炼金丹。

从南峰的西面下山，往西峰去。三人走在高高的山脊上，像三个小小的菌人。他们来到西峰峰顶，看到耸立的岩石上覆盖着荷叶一般的石片，真是别有生趣。从西峰下来后，三人返回迎阳洞。吃过饭，三人又登上东峰，去看棋盘台。棋盘台位于一座孤峰的峰顶，云蒸霞蔚之时，宛如仙境。

回到东峰峰顶后，徐霞客和向导二人与道士告别，沿原路下山去了，当夜住在了十方庵，次日离开了华山。

行游洛南

时间
明天启三年(1623)三月初三日至初十日

地点
明属西安府华州华阴县、商州洛南县(今陕西省华阴市、洛南县)

主要人物
徐霞客、船夫

出处
《徐霞客游记·游太华山日记》

　　本章讲述徐霞客此次在陕西的第二、三段游程。徐霞客初三日出西岳庙西行,走华山余脉,初四日抵达秦岭主脉,此为第二段游程;自初四日翻越秦岭,踏入洛南县境,一直到初十日出陕西,此为第三段游程,游历范围大致为秦岭东段南部。在这些天的游历过程中,徐霞客对沿途的山川、水系、州县辖境以及水陆交通进行了系统观察和描述,间或夹杂些作物、树木等方面的记述,内容丰富且记述准确,具有较大的地理学文献价值。

西岳庙→泓峪→泓岭→杨氏城→景村→草树沟→仓龙岭→老君峪口

徐霞客回西岳庙收拾好行李，出发前往洛南。

出了华阴县城的西门，沿着小路往西南走，便到了泓峪。

泓峪是华山西边的第三座山谷，通往洛南。徐霞客行走在山谷里，看到两侧的山崖拔地而起，谷中有溪水奔流。徐霞客沿着山谷往南行，却因两侧的山崖犬牙差（cī）互而一会儿往东，一会儿往西。这让他感到自己像一只在弯弯曲曲的江上航行的小船，要不断地调整航向。

泓峪很长，徐霞客还没走出去天便已经黑了，他当晚便在山谷中住宿。

第二天，徐霞客走出山谷，登上泓岭。他站在山顶向北望，华山高耸入云；往东看，一座山峰高峻出众，格外醒目。徐霞客不知道这是什么山，问当地人，说是赛华山。其实就是少华山。徐霞客走下泓岭，继续南行，过了很久，来到秦岭脚下。这段秦岭是华阴、洛南的分界线，过了秦岭，便到了洛南。

徐霞客进入洛南境内，日暮时分，到了杨氏城。杨氏城的山谷很特别，和泓峪不一样。他当晚住

洛河

徐霞客所渡洛水即今洛河，是黄河右岸的重要支流，发源于陕西省蓝田县，流经陕西省洛南县以及河南省卢氏县、洛阳市，于河南省巩义市注入黄河，全长447千米。洛河水资源很早就得到了开发利用，西周已修有水渠，东汉修阳渠，隋修通津渠，明修大明渠，清代也有所发展。中华人民共和国成立后，在洛河上修建了大中型水库10多座、小型水库200多座。

在杨氏城。

第三天，徐霞客走出石门镇，发现山势变得开阔，不久进入隔凡峪。从隔凡峪往西南，是去往洛南县城的道路。徐霞客往东南走，三里后翻越一道山岭，进入另一条山谷。出山谷后，看到洛水自西向东流。渡过洛水，徐霞客又爬上一座山岭。随后他下到山谷中，看到有水从南边流来注入洛水。他逆着水流又往南走了十五里，到了景村，山势又开阔起来，开始看到稻田。过了景村，徐霞客依然逆着水流走，进入南峪。来到草树沟时，他见山间空旷，太阳也已经落山，便在山野人家借宿。

第四天，徐霞客翻越两重山岭，晌午时抵达坞底岔。在坞底岔吃过饭，徐霞客往东南而去，不久进入商州境。徐霞客行走在山岭上，看到左右两旁各有一条溪流，溪流夹着山岭弯弯曲曲地向前流去。走下山岭时，两条溪流恰好汇合。徐霞客跟着溪流在老君峪中行走。傍晚时分，突然下起雨来，他便在老君峪口投宿。

龙驹寨→小影石滩→莲滩→石庙湾

徐霞客定好了船只,刚把行李拿进船舱,雨便落了下来。雨点打在船篷上,像是在倒豆子,一颗、两颗、千百颗……一会儿便形成铺天盖地之势。

船家走进船舱,扯着嗓子喊道:"雨下这么大,现在走不了啊!"

徐霞客说:"那便等雨停!"

徐霞客百无聊赖,借来船家的斗篷,披上它坐在船舱边上,观望路上的情形。

这是一条去往陕西的小路,它东连武关,西接商州,徐霞客此时正是困在位于两者之间的龙驹寨。不过,虽说这是条小路,但来往的车马行人一点也不比潼关道上的少,因而此刻遇上大雨浇淋,路上登时一片混乱。

徐霞客在船上坐看车、马、行人各自散去，直到路上空无一人。大雨依旧下着，一整天没停。

第二天，徐霞客醒来，发现雨已经不下了，然而船夫忙着贩盐，直到很晚才出发。

船只行驶起来了。大雨过后，丹水势如奔马，在两山之间激烈地打着回旋，轰鸣着奔向险要之地。徐霞客坐在船头，只觉得惊心动魄。没过多久，雨又开始下了起来，走到影石滩时，雨已经大到不能再行船，于是船又停泊在小影石滩。

第三天，雨彻底停了，船只在船夫的手上如同一支射出的利箭，四十里后过龙关，再五十里到达商州南部边境。此时，浮云散尽，丽日当空，轻烟笼罩远山，流水推送轻舟，岸上桃花浓丽、李花鲜艳，光影流动时仿佛花朵在枝头起舞。徐霞客坐在船头，心旷神怡，飘飘欲仙。船又行八十里，时间才到下午。下午，船夫多次停船不行，用盐去换别人的柴、竹。徐霞客当晚便住在山下水边。

船行驶到莲滩，大浪扑了进来，船舱里的口袋、箱子、柜子全都被水打湿。不多时，又行到百姓滩。耸立在丹水右侧的山峰，因崖壁长年受流水侵蚀，显得摇摇欲坠。过百姓滩后，便是南阳府的淅川县境，这里是陕西、河南的交界处。船只驶入淅川县境的石庙湾，徐霞客在这里上岸，找了一家旅店投宿，等待明日出发前往太和山。

原典精选

时浮云已尽，丽日乘空，山岚①重叠竞秀。怒流送舟，两岸秾②桃艳李，泛光欲舞，出坐船头，不觉欲仙也。

注释

①山岚：山间的云雾。
②秾：艳丽。

译文

此时浮云已经散尽，艳阳当空，云雾笼罩的山峦层层叠叠，竞相比美。奔腾的江流推送着小船，两岸浓艳的桃花和李花，沐浴在阳光里，仿佛在翩翩起舞，出来坐在船头，不觉飘飘欲仙。

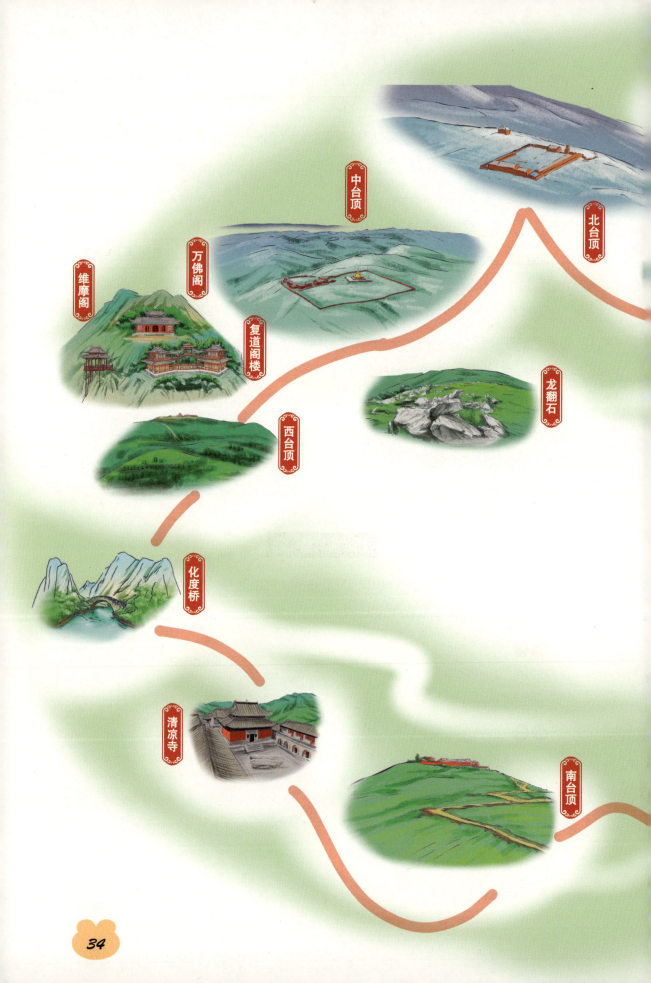

五台登顶

时间
明崇祯六年（1633）八月初五日至初八日

地点
明属太原府五台县（今山西省忻（xīn）州市五台县）

主要人物
徐霞客、石堂和尚

出处
《徐霞客游记·游五台山日记》

　　明崇祯六年（1633）七月二十八日，徐霞客从北京出发，前往山西五台山。八月初五日抵五台山，初八日离开，徐霞客用四天时间游览了南、西、中、北四台。在这里，他看到了"火珠涌吐翠叶中"般壮美的日出、状如灵芝的清凉石、陡崖叠陡崖的闭魔岩、悬空的维摩阁、富丽堂皇的万佛阁、"非神力不能运"的复道阁楼、由上万块碎石堆积而成的龙翻石、终年不化的"万年冰"、五台山特有的"天花菜"……它们给徐霞客带来了许多惊喜。其中，徐霞客关于清凉石、龙翻石以及"万年冰"的记录还成了宝贵的地理学资料。

鞍子岭→长城岭→南台顶→清凉寺→狮子窠

秋日午后，山中万籁（lài）俱寂。徐霞客正专心赶路，忽然听到汨（gǔ）汨水声。他回头去看，只见右边崖壁上不太高的地方有一个小孔，泉水正从里面泛滥而出。山崖有些高，崖壁上有一道明显的凹痕，走势如削瓜，干净利落的一刀，小孔便在这凹痕内。细看，顶上亦有凹痕，徐霞客恍然大悟——这里原本是一条瀑布，凹痕正是瀑布冲刷的痕迹。

徐霞客转身继续赶路。"今年天旱，"他边走边想，"瀑布断流想必与此有关。"这样揣度着，不知不觉间，徐霞客已经登上了鞍子岭。秋日的天空明净澄澈，徐霞客站在山顶环顾四周，发现山比所来处更加高大了，尤其是东北和西北两个方向，山峰皆似仙人的手掌，隐入云端。而后，当目光越过它们投向更远处时，徐霞客看到了龙泉关。

38

行走了四十里后，徐霞客来到了龙泉关外。次日，徐霞客出龙泉关，越长城岭，进入山西省五台县境。他经过旧路岭，来到天池庄，继续沿着山间平地往南台走，数十里后，在南台山腰上住宿。夜里不知道什么时候刮起了大风，寒风呼啸着钻进屋子里，屋里冷得简直像冰窖（jiào），徐霞客被冻醒了。一抹清冷的光照进来，让徐霞客睡意全无。他看看屋外，估摸着天快亮了，便不再继续睡了。他收拾好行李后，等东方现出淡红色时，便起身离开了住处。

　　徐霞客爬上半山腰上时，风也渐渐停了，他抬头一看，阴影重重的丛林背后一团"火球"正喷薄欲出。当太阳升到半空时，徐霞客成功抵达了五台山的南台顶。从山顶放眼远望，北面，五台山的其他各台环绕排列；南面，古南台在其下；更远处，还有盂（yú）县耸立的群山排成一线，俨然一道天然屏障。

　　在台顶盘桓（huán）良久，徐霞客才开始往下走，约莫二十里才到清凉寺。清凉寺庙宇高低错落，周围古木森森，环境幽深，风景美如画卷。徐霞客走进寺中参观，不久便看到一块奇特的大石头。他饶有兴味地绕着它转了两圈，发现它上大下小，越往下面的部分越窄，整体形状宛如一朵硕大的灵芝。宽阔的石面上足以站四百人，徐霞客不由得啧（zé）啧称奇。

　　当天，从清凉寺出来后，徐霞客又去看了隐藏在山窝石缝中只容得一只马蹄勉强踏进去的马跑泉，而后赶往狮子窠（kē），当晚住宿在了狮子窠。

原典精选

　　寺宇幽丽，高下如图画。有石为芝形，纵横各九步，上可立四百人，面平而下锐，属于下石者无几。

　　清凉寺庙宇幽深，风景秀丽，高高低低，宛如画卷。有一块石头形状像灵芝，长和宽都有九步，石头上面可同时站立四百个人，石头上方平整，下方缩小，和下方石头相连的部分很少。

化度桥→西台顶→中台顶→龙翻石→万年冰→北台顶

过了化度桥后,只见一座山峰从中台顶那里延伸过来,山的两边各有一条溪流,水声泠泠作响,显得四周愈发清冷、寂静。徐霞客才站了一会儿,凉意便布满周身。他不再停留,迈开步子加紧赶路,跨过右边山涧上的小桥,沿着倾斜的山路往西走,十里后,徐霞客登上了西台顶。

此时万里无云,徐霞客站在西台四下眺望,无论是近处的闭魔岩,还是远处的雁门关,全都清晰地映入眼帘,绝美的风光好像俯身便能触及。尤其是闭魔岩的山上全都是陡崖之上复有陡崖,层层叠起,最后形成眼前的奇观。

徐霞客从西台顶北面往下走,不一会儿工夫就到了一座千年古刹——八功德水西来寺。在古刹的北面,徐霞客看到了维摩阁、万佛阁。维摩阁位于左侧,就建在两块石头上,支撑着阁楼的柱子随石头的高低而长短不一;万佛阁坐落在正中央的位置,里面供奉的佛像全都是檀香木材质的,它们金碧辉煌且层层排列、相互映照,看得人眼花缭乱。万佛阁前有两排三层阁楼,全都高高地耸立着,周围建造的其他楼阁也都是三层的。这些阁楼与阁楼之间架着上下两重通道,人在其中可以来回穿行。看着眼前的层层楼阁,徐霞客不禁感慨:"在这艰难险阻的万山之中,若非神力,不可能建起这样的楼来!"

离开八功德水西来寺后,徐霞客直奔中台顶而去,走了十五里后到达台顶。随后徐霞客来到中台的南边,登上了龙翻石。这是一个由上万块碎石堆积而成的峰头,据

五台山会"六月飞雪"

五台山是我国有名的避暑胜地,即使在夏季,山区的平均气温也通常在14℃左右,甚至还会下雪,这是为什么呢?五台山的主峰区由东、西、南、北、中五座高峰组成,其中的最高峰北峰海拔3061米,也是华北地区的最高峰。我们知道,气温会随着海拔的升高而下降,五台山作为"华北屋脊",气温自然比较低。另外,五台山植被覆盖率高,导致其近地面的大气中水汽较为充足。有了这两个条件,当山区夏季的温度低于0℃时,就会形成降雪。

说是文殊菩萨现身显影的地方。站在峰顶往下看，薄雾笼罩着深深的山坞，宛如仙境。

徐霞客又来到中台顶北边，山顶寒风瑟瑟，实在太冷了。徐霞客将衣服收紧，想着快点将周围的景观游览完毕，便顺着山势往下走去。没想到越往低处走，气温反而变得越低，这可真是奇怪啊！徐霞客满腹狐疑地又坚持走了四里路，直到一面挂满了冰的山崖横在眼前才顿悟，原来此处有他苦心寻找的"万年冰"。此前，徐霞客就曾听闻五台山上有终年不化之冰，今日算是得见。

在此处观摩半晌后，徐霞客沿着山坞行走，看到一些房舍分布其中。他不曾想到这样荒僻的山坞里居然也有人家居住。徐霞客走进一户人家的屋舍，同住户攀谈了一阵，才知道这里竟然七月底就下过雪了。

走出山坞后，徐霞客匆匆到了北台，在山顶的寺院中借宿。太阳刚落下山去，山顶又呼呼地刮起了大风。

北台顶→华岩岭→野子场→悬空寺

清晨，北台顶上的寺庙木门在冷风中沉重地"吱"了一声，徐霞客从里面缓缓走了出来，寺庙里的老和尚石堂紧随其后，为他送行。两人站在广阔的北台顶上举目四望，朗朗晴空之下，远近的群山尽收眼底。

石堂指着群山向徐霞客介绍："北台的下面，东台的西面，中台的正中，南台的北面，有一片山坞，叫作台湾。这是各台环围排列的大致情况。"

徐霞客顺着石堂指向的地方——看去，紧接着又听石堂说道："这里正东稍偏北，有一座非常尖锐的山峰，那是恒山；正西稍偏南，好像与云雾相接了的山峰，属于雁门关一带的群山；一直往南延伸的诸山，除了南台之外，只有龙泉观称得上雄奇。只见它雄踞在北边，护卫着群山，山体陡峭层叠，这就是北台的概貌了。"

徐霞客不断地看向石堂指示的地方，频频点头。经过石堂的介绍，徐霞客算是对五台山周围的群山的位置有了大致了解。徐霞客打算接下来去北岳恒山，便向石堂辞谢。

石堂听闻便又指点道："这里离东台有四十里，途中有座华岩岭。你若是打算去北岳，不如直接沿华岩岭往北下，这样可以省去四十里上下的路程。"

徐霞客再次道谢后，就辞别石堂出发了。他从北台的东边往下走，这里山路陡峭难行，艰难走了八里路后才稍稍放缓，又行了十二里，才抵达石堂之前说的华岩岭。

华岩岭北面山坳里，有两条分别从北面和西面涧沟流淌过来的山涧，水流清澈而甘冽，在山坳下方群峰的汇集处合拢。徐霞客沿着溪流往东北走，这一路过来，他总是能看到一种之前从未见过的菌类。"也不知道有没有毒，

天花菜

崇祯六年（1633），徐霞客在五台山见到了"天花菜"。根据《清凉志》记载，这是一种蘑菇，属五台山特有的佳品。五年后，也就是崇祯十一年（1638），徐霞客又于贵州的白云山（明朝时又叫螺拥山）见到了天花菜，他在日记中写道："又有菌甚美，大者出龙潭后深箐仆木间，玉质花腴，盘朵径尺，即天花菜也。"随后又附注："又有小者名八担柴，土人呼为'茅枣'，云南甚多。"如今，"天花菜"仍是五台山的特产，只是易名为"五台山香蘑"，简称"台蘑"。

要是没毒，定要找机会尝尝这五台山的野味。"徐霞客边走脑海里边想着如何烹调蘑菇汤以打发时间。直到走到了一个叫野子场的地方。有当地的人告诉他，那菌类叫天花菜，从南边的白头庵一直到这里，都有这种菌类生长，然而出了此地可就看不到了。

出了野子场，徐霞客真的就再没看到天花菜了。然而两边的山崖却变得可观了：它们排列如屏障，耸立似鼎足，雄伟峭拔，千姿百态，令人目不暇接；十里之后，绝壁上更是突然出现悬空的阁楼。徐霞客惊叹不已，心里庆幸自己走了这条路："要是不从这条路出五台山，几乎体会不到五台山的神奇啊。"

北方第一山

时间
明崇祯六年（1633）八月初八日至八月十一日

地点
明属大同府浑源州（今山西省浑源县）

主要人物
徐霞客。

出处
《徐霞客游记·游恒山日记》

崇祯六年（1633）八月初八日，徐霞客离开五台山前往北岳恒山，于次日进入浑源州（今山西省浑源县）。在这里，他总结了箭筈（gān）岭南北两面景观的差异，又游览了大名鼎鼎的悬空寺，以"崖既矗削，为天下巨观，而寺之点缀，兼能尽胜"高度赞扬了山崖与寺庙建造的相得益彰。之后又历尽艰险爬上恒山绝顶，通过敏锐的观察，他指出恒山一带"是山土山无树，石山则有；北向俱石，故树皆在北"，概括了植物与坡向、地表组成物质的关系，十分可贵。

45

南山→沙河堡→土岭→箭筈岭→龙峪口

　　溪水从南山的山谷中流出来后又拐了个弯，向西边流去。徐霞客沿着山间的溪流一路走到这里，此时他打算继续向北走，穿过眼前的平地到对面的山上去看看。那些外围的山都很低矮，高度都不到五台山的五分之二。这些山东起平邢（xíng），向西一直绵延到雁门，远远望去，仿佛一道围绕着平地建筑的矮墙。徐霞客行不多久，到了山脚下，之后又渡过沙河，穿过沙河堡，朝着东北方向走几里，终于找到峡谷口。

　　峡谷里荒无人烟，徐霞客沿着山涧走了好几里路，才看见有人的村庄。到了葫芦嘴后，徐霞客不再沿山涧而行，转而从山嘴开始向上攀登。登顶后放眼四周一看，映入眼帘的还是土堆和荒山，看得他实在疲惫。徐霞客便继续前进，进入了浑源州境内，夜晚就在一个叫土岭的村子里住下了。

　　次日，徐霞客继续北上，沿着曲折的山涧辗转了十几里后，终于登上了箭筈岭。从沙河一路过来，他登山涉涧，在山谷中迂回前进，所遇到的山峰都不足为奇，可是到了这里，山势却陡然增高了，仿佛一根高大的脊梁，将山体串起并一分为二，徐霞客攀爬到山岭南面看到的不过是之前看到的景象。"那么山岭北面又是什么样子呢？"好奇的徐霞客继续攀登，一口气爬到了箭筈岭北面。只见东西两边山峦连绵，崖壁崩塌，红色的岩石延伸出来，仿若悬在空中的红云。这些

岩石上又都生长着颜色不一的树丛，红绿交替，宛如一匹天然形成的锦缎。徐霞客仔细观察发现，这些岩石的颜色都一样，可样貌和纹理却各不相同；树木的颜色不一致，却交叉错杂，宛如织锦。

在这样奇妙的美景里停留了片刻，徐霞客又上路了。他行走五十里后，走到了大土山的山脚下。一条溪流从南边流到这里又向北边流去，徐霞客沿着溪流一直走，走到了龙峪口。龙峪口对面有一个很大的村庄，村庄里梅树、杏树连片成林，遮蔽着山麓。

走出山谷后，徐霞客又回到了平地上。然而行程还没有结束，他转身向东，去往龙山大云寺。

原典精选

一逾岭①北，瞰东西峰连壁陨，翠蜚②丹流。其盘空环映者，皆石也，而石又皆树；石之色一也，而神理又各分妍；树之色不一也，而错综又成合锦。石得树而嵯峨倾嵌者，幕③以藻绘④而愈奇；树得石而平铺倒蟠者，缘以突兀而尤古。

注释

①岭：指箭筈岭。
②蜚：通"飞"。
③幕：覆盖。
④藻绘：彩色的纹绣。

译文

一翻越到箭筈岭的北面，俯瞰东西两面的山峰连绵，石壁崩塌，翠色如飞，丹叶如流。那些盘绕而上、环列相映的都是岩石，而岩石上又都是树木；岩石的颜色是一致的，但神态和纹理又各自争妍；树的颜色不是一样的，但树石交织相映又变成五彩的锦绣。崎岖相嵌的山石得了树木，覆以彩色的锦缎，因而显得愈发奇丽；平铺、倒卷的树木借助山石的突兀，因而显得尤为古拙。

大云寺→恒山山麓→悬空寺→恒山庙山门

徐霞客从大云寺出来后，往东又走了十里，进入一条通向西北方向的大路。这条路从大同府去往倒马关、紫荆关，经过恒山脚下。山峰在大路两边绵亘耸立，车马穿山而过，络绎不绝。

徐霞客来到山脚下，只见一条溪流在两道高耸的崖壁之间静静流淌。溪流曲曲折折，崖壁高高低低，构成了一幅幽深的山水图画。见溪流的水位不高，徐霞客便逆着溪流在山涧中行走。走着走着，他忽然注意到两边崖壁上有一些大小相同的石坑。石坑有四五尺大小，深至一丈，上下排列着，还有两根房梁一样的木头悬空架在高处。徐霞客心想，这大概是山涧中涨水时插木头做栈道用的。从石坑被侵蚀的程度来看，它们已经废弃很久了。徐霞客边观看边觉得可惜，要是栈道之下能够怒水横流，而栈道之上车马喧嚣，那该是多么奇特的景观呀！

转过几道弯后，徐霞客感到峡谷越发窄了，崖壁也越发高了，他不经意地往西边崖壁上扫了一眼，只见崖壁之上，一层层红木搭建的楼阁高悬着，曲折的台榭斜靠着山崖，看上去就像海市蜃楼中的精致构造，原来这就是有名的悬空寺。徐霞客回想起自己在五台山北面的山谷中也看到过一个悬空寺，但是跟这里的比起来，简直不值一提。

徐霞客在山崖下看得心驰神往，于是鼓起勇气去攀登。走进寺中，徐霞客在高低错落的楼阁中上上下下，沿着弯转曲折的路来回辗转。徐霞客认为，高峻陡峭的崖壁已经称得上是天下奇观了，再加上一座悬空寺，更是锦上添花。另外，僧房的位置也安排得很得当，客房和佛堂全都窗户明亮、卧床温暖，一丈见方的屋子，显得庄严肃穆而又典雅大方。

从悬空寺下来后，徐霞客弯弯转转又来到了北岳恒山庙的山门，那是三重悬挂着匾额的大门，它们高列土山之上，下接几百级石阶，颇为庄重。此时天色渐晚，徐霞客便在山门旁的人家住宿，准备明日登顶。

建造悬空寺的历史背景

根据专家考证，悬空寺初建时，其最高处的殿阁底部与地面的相对高度约为90米，相当于30层楼的高度。为什么人们要排除万难，在一个如此危险的地方建起这样一座寺庙呢？大约1500年前，鲜卑人在北方建立起北魏王朝，后定都平城（今山西省大同市）。平城四周多山，南部的恒山尤为险要。皇帝安坐在天险之中，以两条交通要道联系中原，其中一条连接着华北平原，是无数劳力冒着生命危险在恒山之中开凿出来的。经由此路，各种宗教进入平城，以道教与佛教占据上风，得到皇帝和贵族的支持，从而推动着人们想方设法在特殊的地点建起更具想象力的寺观，悬空寺就是在这样的情况之下应运而生的。

望仙亭→北岳殿

一场大风将云雾吹得干干净净，整个天空澄碧如洗。徐霞客神清气爽，一大早就拄着手杖出发了。

这一带尽是些低缓的土阜，走在其间简直如履平地。徐霞客一路往东，快速抵达恒山的南面，继而转向北面，但见山上采煤者甚多，煤炭似乎唾手可得。不多时，山上古松夹道，一座亭子孤零零地立在红色的土石上，是为望仙亭。三里之后，山势渐渐耸起，道路拐出许多小弯，松树也愈发密集，筛下一片片树荫，此起彼伏地覆盖在凌乱的碎石上。徐霞客倚松而望，看见不远处有座高大的牌坊，上面赫然写着"朔方第一山"。

徐霞客举杖击地，叫了声"好"，遂加快脚步往前赶。他由牌坊一侧沿着石阶逐

为什么恒山土山树少，石山树多

恒山所在的浑源县属中温带半干旱大陆性季风气候，四季之中唯有夏季降雨较为集中，其他三个季节降雨较少，因而土壤比较干燥，无法为植物的种子提供合适的生长环境。而那些带有缝隙的山石，相对于土壤来说，可以更好地吸收和储存水分，有利于植物的生长。所以，徐霞客才会看到"土山无树，石山则有"的现象。

级往上走，来到北岳殿草草参观一阵，又走到大殿东边，抬头望见两面山崖断开的地方，从中间垂下一条千尺险径，通往绝顶。这条路荒草丛生，到处都是低矮浓密的树丛，看样子已经很久无人涉足了。他脱下外衣，抓紧草丛往上爬，好不容易挨到一处危崖，抬头一看，绝顶仍然屹立在半空中，望尘莫及。

"呜——呼——"徐霞客吸了口气，重重地吐出来，又鼓起勇气继续攀登。草刃割破他的手掌，荆棘刺痛他的脖子，他的躯体在山岳中显得微不足道。他感受到衣裤破裂与胸膛的跳动，但那声音太过微弱，全都消散在无情的山风里。他不敢往下多瞄一眼，更不敢后仰一丝去看绝顶的位置。他小心翼翼，如履薄冰，爬了很久很久，突然眼前一亮，呼吸也变得畅通起来。他抓住最后一块山石，奋力一跃，双脚落地峰顶的那一刻，心里的石头也落地了。

天色仍旧很澄澈，徐霞客隔山俯瞰恒山北面，浑源州城一片苍茫，无边无际；而南面是起伏不定的龙泉关，西面唯有五台山一派青葱，近处则是龙山如屏障般挡住沙漠，连绵不断，横亘百里。徐霞客站了多时，打算再去找找此前经过的一处危崖。他走下西峰，来到一处平地，再要往下，却是茫茫一片，断然不敢再走。正犹疑间，回头看到一个人衣袂飘飘地站在东边的山上，徐霞客过去问路。经过指点，最终来到危崖之上。

读到这里,这一分册的内容就讲完了。那么,大家对徐霞客探访过的河流或湖泊还有哪些印象呢?下面就来做个小问答,请根据下面的图片和"提示"说出这些河流或湖泊的名字吧。

① 原文节选:
"在石坡的山腰处,一潭清澈的泉水映入眼帘,仿佛系在山腰上的一块碧玉。"

② 原文节选:
"峡谷之中,只见一块块巨石在水中巍然屹立,气势非凡!山脊上的徐霞客止住脚步,雀跃不已……"

③ 原文节选:
"徐霞客行走在山岭上,看到左右两旁各有一条溪流,溪流夹着山岭弯弯曲曲地向前流去。走下山岭时,两条溪流恰好汇合。"

④ 原文节选:
"华山之巅的一处小小石凹,凹中之水不溢不枯,终古如此,传说太上老君常引此水炼金丹。"

答案:①芭蕉池。②龙池河。③长寿河口。④仰天池。